L'ONU ET LE CITOYEN

L'espoir dans les Nations Unies : une affiche d'Eveleigh (1947)

Raoul M. JENNAR

L'ONU ET LE CITOYEN

avec une étude de cas:

La Belgique et l'ONU

L'HARMATTAN
5-7, Rue de l'Ecole Polytechnique
75005 Paris

L'auteur

Raoul Marc JENNAR est un analyste politique diplômé de l'Université de Louvain-la-Neuve (Belgique). Plusieurs fois conseiller de ministres belges, longtemps conseiller parlementaire, il consacre actuellement ses travaux de recherche aux questions internationales et en particulier aux questions relatives à l'ONU, à l'Asie du Sud-Est et au Cambodge.

Il est l'auteur de plusieurs livres sur le Cambodge, dont les Chroniques Cambodgiennes 1990-1994 *(paru chez L'Harmattan). Il a publié plusieurs études sur les opérations de paix de l'ONU. Il collabore régulièrement au* Monde diplomatique, *à* Politique Internationale, *à* La Lettre de Reporters Sans Frontières.

Ce livre a été publié avec le soutien du Centre National de Coopération au Développement (CNCD), Bruxelles.

ISBN : 2-7384-3691-9

Ce qui me navre le plus, c'est l'inintelligence de la diplomatie.

Jean Jaurès

Le monde est trop dangereux à vivre - pas à cause de ceux qui font le mal, mais à cause de ceux qui regardent et laissent faire.

Albert Einstein

Les échecs des Nations Unies sont les échecs des Etats membres.
(...)
Le devoir des membres permanents n'est pas de fournir des armes, mais des idées pour la paix.

Javier Perez de Cuellar

Il n'y a pas de politique étrangère sans principes.

Lionel Jospin

PREFACE

Le cinquantième anniversaire de l'Organisation des Nations Unies a semblé un événement suffisamment important pour mobiliser un groupe de travail commun au Centre National de Coopération au Développement (CNCD) et au Groupe de Recherche pour une Stratégie Economique Alternative (GRESEA) .

L'intention n'était pas d'ajouter à une liste déjà fort longue une énième proposition de réforme de l'ONU. Elle était encore moins de s'inscrire dans une sorte de kermesse anniversaire, si empreinte de dignité fût-elle.

Les travaux évoluèrent autour de deux séries de questions : d'une part, l'ONU, créée au nom des peuples, remplit-elle son mandat en faveur de la paix et du développement? Les opérations de paix apportent-elles la paix ? De l'Organisation ou des gouvernements, qui porte la plus lourde responsabilité ? D'autre part, de quelle manière un Etat membre comme la Belgique joue-t-il son rôle au sein de la communauté internationale ? Quels sont ses choix ? Par qui sont-ils pris ? Comment, dans le domaine très réservé des relations internationales, le contrôle démocratique s'exerce-t-il dans un pays à forte tradition démocratique ?

Le groupe de travail décida de confier à Raoul M. Jennar le soin de rédiger une libre réflexion à ce propos. Les réponses qu'il apporte sans complaisance aux questions soulevées fournissent un inventaire sévère et inquiétant.

Ce livre a été voulu comme le point de point de départ d'une réflexion-action dont il est en quelque sorte l'amorce.

Il doit devenir un instrument pour informer et interpeller. Au travers de conférences, de colloques, de rencontres en tous genres, il doit nourrir la prise de conscience et alimenter le débat politique, jusques et y compris dans l'enceinte où siège la représentation nationale. C'est en tout cas l'ambition de ceux qui sont à l'origine de ce projet.

*Le CNCD et le GRESEA** *expriment leur gratitude au groupe de travail, à Raoul Marc Jennar et à tous ceux qui, demain comme hier, s'efforceront de mettre en mouvement la dynamique de l'appropriation, par les citoyens, des questions de paix et de développement dont ils sont, avant les mandataires, avant les gouvernants, avant les diplomates, les plus légitimes dépositaires. Que l'Administration Générale de la Coopération au Développement et le Commissariat Général aux Relations Internationales de la Communauté Française de Belgique trouvent ici l'expression de notre gratitude pour l'appui qu'ils ont apporté à la réalisation de ce projet.*

Il revient désormais au lecteur de se transformer en acteur.

Pierre GALAND
Président du CNCD
Membre du GRESEA

---

* CNCD, 9, quai du Commerce, B 1000 Bruxelles,
☎ (32) (2) 218 47 27.
GRESEA, 11, rue Royale, B 1000 Bruxelles,
☎ (32) (2) 219 70 76.

AVANT-PROPOS

Ce livre veut être un instrument pour l'action. C'est un petit outil pour ceux que préoccupent au premier chef la paix, le développement dans la justice et la liberté, la dignité des personnes partout dans le monde. Ce n'est pas un travail scientifique de recherche et d'analyse qui aurait la prétention de couvrir tout le champ de réflexion que doit susciter une interrogation sur l'Organisation des Nations Unies. Des études de ce genre existent et se sont même multipliées à l'occasion du cinquantenaire célébré cette année. Certaines sont reprises dans la bibliographie présentée en fin d'ouvrage. Ce n'est pas davantage un essai sur la politique conduite par la Belgique au sein de l'ONU depuis cinquante ans.

Loin de toute forme d'autosatisfaction béate ou de dénigrement systématique, ce livre, refusant le cynisme comme l'utopie, privilégie le volontarisme de ceux qui regardent davantage ce qui reste à faire plutôt que ce qui a été fait. Il a pour ambition d'offrir un regard lucide sur l'ONU en tant qu'instrument devant contribuer d'abord à la paix et au développement. Ce livre veut aussi montrer que le regard à poser sur l'ONU, c'est d'abord un regard sur le rôle des Etats - et donc des gouvernements qui les représentent - dans la vie internationale. Ce livre veut enfin, au travers d'un cas parmi d'autres, celui de la Belgique, souligner que le désir d'un monde de paix, de liberté et de justice ne peut être confié exclusivement et sans contrôle aux seuls Etats et qu'il est de la responsabilité première des citoyens de prendre en charge cet aspect de leur vie.

Paraphrasant Clémenceau, on doit, après cinquante années d'impuissance, considérer que la diplomatie est une affaire trop grave pour la confier à des diplomates.

Les relations entre les peuples concernent d'abord ceux-ci. Le temps est venu qu'ils s'en soucient. Le mandat confié aux représentants de la souveraineté nationale couvre aussi et pleinement les relations internationales qui ne peuvent plus, en droit ou en fait, constituer une sorte de domaine réservé. Le temps est venu, dans chaque pays, de contrôler la pertinence, la légalité et la moralité des actes posés par l'Etat au plan mondial.

S'efforçant de pratiquer *le pessimisme de l'intelligence et l'optimisme de la volonté* chers à Gramsci, ce petit livre a pour ambition de tracer quelques pistes pour cette approche citoyenne de la vie internationale.

Je remercie le CNCD pour la confiance qu'il a témoignée en me chargeant de la rédaction de ce livre et en particulier cet infatigable internationaliste qu'est Pierre Galand dont il est impossible de distinguer chez lui ce qui l'emporte de l'intelligence, de la générosité ou du volontarisme.

Ma gratitude va également à Mesdames Christine Favart, Bénédicte Grignard et Marie-Anne Swartenbroekx ainsi qu'à Messieurs Grégoire Cuvelier, Bruno Dujardin, B. Kadima-Tshimanga, Gérard Karlshausen, Antoine Saintraint, Victor Solé, Charles Van der Vaeren qui ont bien voulu relire le manuscrit et me prodiguer leurs commentaires.

R.M.J.

GLOSSAIRE

AGCD: Administration Générale de la Coopération au Développement (Bruxelles).

ASEAN: Association of South East Asian Nations, Associations des Nations de l'Asie du Sud-Est, créée en 1967.

BM: Banque Mondiale, créée en 1945 (Washington)

CNCD: Centre National de Coopération au Développement, coordination des ONG belges francophones (Bruxelles)

C.I.J: Cour Internationale de Justice, créée en 1946, prenant le relais de la C.P.J.I. de la SDN créée en 1921 (La Haye).

CNUCED: Conférence des Nations Unies pour le Commerce et le Développement, créée en 1964 (Genève).

FAO: Food and Agriculture Organization, créée en 1945 ; Organisation des Nations Unies pour l'Alimentation et l'Agriculture (Rome).

FMI: Fond Monétaire International, créé en 1945 (Washington).

FNUAP: Fonds des Nations Unies pour la Population, créé en 1969 (New York).

FORPRONU: Force de Protection des Nations Unies, nom de la mission en ex-Yougoslavie.

GRESEA: Groupe de Recherche pour une Stratégie Economique Alternative (Bruxelles).

GATT: General Agreement on Tariffs and Trade, institué en 1947 ; Accord général sur les tarifs douaniers et le commerce (Genève).

IPS: Inter Press Service Third World News Agency, agence de presse traitant essentiellement les informations en provenance du Sud.

MINUAR I: première Mission des Nations Unies au Rwanda.

OEA: Organisation des Etats d'Amérique.

OIT: Organisation Internationale du Travail, créée en 1919 (Genève).

OMC: Organisation Mondiale du Commerce qui succède au GATT en 1995.

OMS: Organisation Mondiale de la Santé, créée en 1946 (Genève).

ONUDI: Organisation des Nations Unies pour le Développement Industriel, créée en 1967 (Vienne).

ONUSOM: Opération des Nations Unies en Somalie.

OUA: Organisation de l'Unité Africaine.

PNUD: Programme des Nations Unies pour le Développement, créé en 1965 (New York).

SDN: Société des Nations (Genève).

UE: Union Européenne.

UNESCO: United Nations Educational, Scientific and Cultural Organization, créée en 1945 ; Organisation des Nations Unies pour la Science, l'Education et la Culture (Paris).

UNHCR: United Nations High Commissioner for Refugees, créé en 1951 ; Haut-Commissariat des Nations Unies pour les Réfugiés (Genève).

UNICEF: United Nations Children's Fund, créé en 1946 ; Fonds des Nations Unies pour l'Enfance (New York).

UNRISD: United Nations Institute for Social Develoment ; Institut de Recherche des Nations Unies pour le Développement Social (Genève).

UNRRA: United Nations for Relief and Reconstruction Administration, créée en 1943 ; Administration des Nations Unies pour les Secours et la Reconstruction.

WFP: World Food Programme, créé en 1961 ; Programme Alimentaire Mondial (Rome).

PREAMBULE

NOUS, PEUPLES DES NATIONS UNIES,

résolus

à préserver les générations futures du fléau de la guerre qui deux fois en l'espace d'une vie humaine a infligé à l'humanité d'indicibles souffrances,

à proclamer à nouveau notre foi dans les droits fondamentaux de l'homme, dans la dignité et la valeur de la personne humaine, dans l'égalité de droits des hommes et des femmes, ainsi que des nations, grandes et petites,

à créer les conditions nécessaires au maintien de la justice et du respect des obligations nées des traités et autres sources du droit international,

à favoriser le progrès social et instaurer de meilleures conditions de vie dans une liberté plus grande,

ET A CES FINS

à pratiquer la tolérance, à vivre en paix l'un avec l'autre dans un esprit de bon voisinage,

à unir nos forces pour maintenir la paix et la sécurité internationale,

à accepter des principes et instituer des méthodes garantissant qu'il ne sera pas fait usage de la force des armes, sauf dans l'intérêt commun,

à recourir aux institutions internationales pour favoriser le progrès économique et social de tous les peuples,

AVONS DECIDE D'ASSOCIER NOS EFFORTS POUR REALISER CES DESSEINS

En conséquence, nos gouvernements respectifs, par l'intermédiaire de leurs représentants, réunis en la ville de San Francisco, et munis de pleins pouvoirs reconnus en bonne et due forme, ont adopté la présente Charte des Nations Unies et établissent par les présentes une organisation internationale qui prendra le nom de Nations Unies.

ARTICLE I

Les buts des Nations Unies sont les suivants :

1. Maintenir la paix et la sécurité internationales et à cette fin : prendre des mesures collectives efficaces en vue de prévenir et d'écarter les menaces à la paix et de réprimer tout acte d'agression ou autre rupture de la paix , et réaliser, par des moyens pacifiques, conformément aux principes de la justice et du droit international, l'ajustement ou le règlement de différends ou de situations, de caractère international, susceptibles de mener à une rupture de la paix;
2. Développer entre les nations des relations amicales fondées sur le respect du principe de l'égalité de droits des peuples et de leur droit à disposer d'eux-mêmes, et prendre toutes autres mesures propres à consolider la paix du monde;
3. Réaliser la coopération internationale en résolvant les problèmes internationaux d'ordre économique, social, intellectuel ou humanitaire, en développant et en encourageant le respect des droits de l'homme et des libertés fondamentales pour tous, sans distinction de race, de sexe, de langue ou de religion;
4. Etre un centre où s'harmonisent les efforts des nations vers ces fins communes.

INTRODUCTION

Des mythes manipulateurs

Aussi loin qu'on remonte dans l'histoire de l'humanité, les conservateurs se sont toujours opposés aux réformes au nom du réalisme. La philosophie libérale du pragmatisme a engendré sa doctrine: la *Realpolitik*. En son nom furent justifiées toutes les défenses de l'ordre des choses, toutes les oppositions aux changements, surtout si ces changements étaient susceptibles d'apporter plus de liberté et plus de justice pour tous.

Si on étudie l'Organisation des Nations Unies, son fonctionnement et ses méthodes, son histoire et ses résultats, un seul constat s'impose à ceux qui ne peuvent se satisfaire du statu quo: le réalisme exige la réforme.

Qui oserait en effet soutenir que l'Organisation remplit les engagements inscrits, en notre nom, dans le préambule et l'article 1er de sa Charte fondatrice ?

La question qui est posée aujourd'hui, non seulement à l'occasion du cinquantième anniversaire de l'institution, mais surtout à la suite des échecs retentissants que la rhétorique officielle ne parvient même plus à dissimuler est simple: l'ONU est-elle aujourd'hui l'instrument le plus approprié pour atteindre des objectifs qui restent prioritaires: la paix dans le monde, un ordre international juste, le respect de la dignité humaine, le progrès des peuples ?

Il ne s'agit pas de céder à une mode. Que du contraire ! Le dénigrement systématique de l'Organisation, trop complaisamment relayé par certains, ne sert que les intérêts de ceux - Etats, firmes et sociétés financières transnationales, organisations criminelles internationales - qui veulent masquer leurs responsabilités dans les drames du temps présent en les transférant sur une institution bouc-émissaire.

L'analyse de l'ONU, c'est d'abord l'analyse des facteurs externes qui expliquent son échec. Même si elles doivent être identifiées, les causes liées à l'attitude des dirigeants de l'Organisation sont sans commune mesure avec celles qui trouvent leur origine dans l'attitude des Etats.

Il y a cinquante ans, les peuples du monde, traumatisés par les horreurs sans nom de la deuxième guerre mondiale, ont confié à leurs gouvernements le soin de conjuguer leurs efforts en vue de construire un monde de paix dont les fondements seraient la liberté et la justice.

Si l'anniversaire de la Charte et de l'Organisation des Nations Unies a un sens, ce ne peut être que celui du bilan, des comptes à rendre et des conclusions à en tirer.

Les peuples du monde doivent vérifier l'usage qui a été fait du mandat qu'ils ont confié aux gouvernants. Le bilan de l'ONU prend alors la seule dimension qui réponde à la réalité et aux besoins: un bilan de l'action des gouvernants dans l'ordre international.

Ce bilan est trop souvent escamoté par la rhétorique triomphaliste de dirigeants ayant une fois pour toute autoproclamé leur infaillibilité. Il ne sera donc pas dressé par ceux qui portent la responsabilité d'un passif aussi lourd et d'un actif aussi faible. Il ne peut l'être que par les mandants. Il exige dès lors une réappropriation des relations entre les peuples par les peuples eux-mêmes.

La critique des actions gouvernementales par les citoyens doit s'accomplir pleinement dans l'ordre international aussi. *"Nous continuons à vivre,* écrit Roger Lallemand, *comme si la sphère de notre responsabilité individuelle était délimitée par celle de nos Etats. En vérité, cette parcellisation factice atteint nos valeurs démocratiques."*[1] Il ne peut plus y avoir de domaine réservé. Outre le déficit démocratique que représente cette tradition, l'usage qui en a été fait n'a de surcroît conduit, le plus souvent, qu'à des catastrophes.

Il n'y a pas dans l'ordre international davantage de fatalité que dans l'ordre interne. Il y a des choix opérés trop souvent en dehors de tout contrôle démocratique. Il y en a d'autres qui s'accompagnent d'efforts massifs de mise en condition des opinions. De ces choix, les peuples souffrent. De ces choix, les peuples doivent aujourd'hui délibérer. Avec leurs gouvernants, si c'est possible; malgré eux, si c'est nécessaire.

Les critères et les objectifs réels des Etats sont presque toujours dissimulés à l'opinion publique parce qu'ils sont, pour l'essentiel, influencés non par le souci du bien commun des peuples, mais par des intérêts soit économiques, soit propres aux acteurs internationaux. Des mythes manipulateurs servent de paravents.

La politique internationale doit être placée au coeur du contrôle démocratique. Le devoir premier des Etats, c'est le bien-être des populations qui les habitent.

Il n'y a pas d'intérêt supérieur des Etats, il n'y a pas de raison d'Etat qui puisse encore justifier l'opacité dont s'entourent avec constance ceux qui sont en charge des relations internationales.

Il s'impose dès lors de prononcer la fin de l'absolutisme des gouvernants en matière de relations internationales et de soumettre la politique étrangère aux règles de la démocratie.

Il s'impose dès lors de briser les mythes et les idées reçues dont se servent les gouvernants pour faire accepter leurs décisions, puis pour expliquer leurs erreurs et leurs fautes.

---

[1] LALLEMAND Roger, *La politique sans l'enchantement ?* in *Confrontations*, ouvrage collectif, Bruxelles, Editions Luc Pire, 1995.

La sécurité collective

Le XXe siècle a entretenu un rêve sans jamais manifester une volonté réelle de le réaliser: un monde en paix. Après la grande boucherie de 1914-1918, les gouvernements qui en avaient pris la responsabilité, redoutant leur remise en question par des peuples fatigués d'être utilisés comme chair à canon, lancèrent une idée qui allait très vite devenir un mythe: la sécurité collective. Garantir la paix en prévenant les conflits ou en y mettant fin, tel était l'objectif. Considérer le recours à la guerre par un Etat comme une agression contre tous les autres Etats, tel était le principe directeur. Une institution était créée à l'effet de le mettre en oeuvre: la Société des Nations.

Sans nul doute, des hommes comme Aristide Briand et Gustav Streseman ont-ils sincèrement oeuvré pour donner toutes ses chances à la SDN et en particulier à la paix en Europe. Mais, hier comme aujourd'hui, d'autres forces étaient à l'oeuvre: l'exaltation, à l'instigation de ceux qui vivent de la guerre, des valeurs guerrières et du militarisme, la renaissance des nationalismes nés de l'éclatement des empires et de la crise économique mondiale, le refus des Etats-Unis de remplir les responsabilités qui incombent à une très grande puissance mondiale, l'émergence de puissants groupes industriels transnationaux désireux de tirer le plus grand parti de l'affrontement des Etats.

Si la SDN a été en mesure de régler quelques conflits territoriaux mineurs, elle n'a pu empêcher l'annexion de Vilna par la Pologne (1922), la conquête de la Mandchourie par le Japon (1932), celle de l'Ethiopie (1935), puis de l'Albanie (1939) par l'Italie, l'Anschluss (1938), l'annexion des Sudètes (1938), le démembrement de la Tchécoslovaquie (1939) par l'Allemagne. En face d'un conflit interne de grande ampleur comme celui de l'Espagne (1936-1939), elle fut inexistante.

En aucune circonstance, les démocraties n'ont donné la priorité aux principes sur lesquels elles avaient fondé la SDN. Les gouvernements ont donné la priorité à des intérêts particuliers sur l'objectif qui aurait dû être prioritaire: la paix. Ne croyant pas aux valeurs dont ils se réclamaient, invoquant sans cesse, pour dissimuler les intérêts qu'ils servaient, leur réalisme et leur sens des responsabilités, privilégiant jusqu'à l'absurde le crédit que les gouvernants accordent quasi spontanément aux autres gouvernants, ils ont eux-mêmes foulé aux pieds les principes qu'ils devaient sauvegarder. Cette attitude est devenue une manière de gérer les questions internationales jusqu'à l'apothéose que furent les accords de Munich. La démarche qui avait présidé à leur signature allait désormais qualifier un état d'esprit et une pratique diplomatique que la tragique leçon de la deuxième guerre mondiale n'a malheureusement pas fait disparaître.

L'esprit munichois marque le siècle. L'encre des signatures apposées au bas de la Charte des Nations Unies n'était pas encore sèche que déjà des pays signataires en reniaient les principes les plus fondamentaux sans susciter la moindre réaction. A nouveau, le système de sécurité collective, cette fois basé sur les chapitres VI et VII de la Charte, se grippait avant même d'être mis en oeuvre. Faute de gouvernements résolus à lui donner la priorité et à l'appliquer.

Soit qu'elle fut contrainte de les ignorer, soit qu'elle fut dépossédée des moyens de les régler, soit qu'elle fut elle-même impuissante, l'ONU n'a pu empêcher ou mettre fin aux principaux conflits qui se sont succédé au cours des cinquante dernières années.

L'ONU, soumise aux pressions de l'un ou l'autre des Etats, fut incapable d'empêcher ou de mettre fin à l'invasion de Hyderabad par l'Inde (1947), du Guatemala par des forces soutenues par les Etats-Unis (1954), de la Hongrie par l'URSS (1956), de Goa par l'Inde (1961), de la Papouasie-Nouvelle-Guinée occidentale par l'Indonésie

(1963), de la République Dominicaine par les Etats-Unis (1965), de la Tchécoslovaquie par les forces du Pacte de Varsovie (1968), d'une partie de Chypre par la Turquie (1974), de Timor oriental par l'Indonésie (1975), du Liban par Israël (1978, 1982), comme par la Syrie (1982), du Sahara occidental par la Mauritanie (1976), puis par le Maroc (1979), de l'Afghanistan par l'URSS (1979) de la Grenade (1983) et de Panama (1989) par les Etats-Unis. Au contraire, dans un certain nombre de cas, l'ONU a contribué à légitimer l'occupation.

De même, l'ONU est restée impuissante lors des interventions de l'Arabie Saoudite et de l'Egypte au Yémen (1962-1965), des Etats-Unis à Cuba (1961), de la guerre Iran-Irak (1974, 1980-1988), du conflit des Malouines (1982), de l'embargo américain à l'encontre de Cuba (1960), puis du Nicaragua (1985).

Tenue à l'écart des deux plus importants conflits survenus depuis 1945, l'ONU fut incapable, bien que sollicitée, d'empêcher ou de mettre fin aux quatre guerres qui ont marqué le conflit israélo - arabe et, de même, elle fut incapable de prévenir ou de régler les deux guerres survenues dans la péninsule indochinoise après les accords de Genève de 1954 (conflits entre le Vietnam du Nord et celui du Sud, puis entre le Kampuchea Démocratique et le Vietnam).

L'indifférence de l'ONU a laissé libre cours au troisième génocide du siècle, celui du Cambodge (1975-1979), que l'Organisation s'est employée ensuite à nier pendant plus de dix ans.

Le rôle de l'ONU dans la guerre de Corée (1950) et la guerre du Golfe (1991), citées par certains comme des exemples de succès des Nations Unies, s'est en fait limité à offrir la couverture formelle du Conseil de Sécurité à une grande puissance d'abord préoccupée par la défense de ses intérêts vitaux (voir infra).

Quant aux conflits intra-étatiques, ils n'ont guère été mieux traités. L'occupation militaire du Tibet par la Chine (1950), la répression de la sécession biafraise (1967-1970), le conflit du Bengale (1971), les conflits en Arménie, en Birmanie, en Irlande du Nord, au Soudan, au Sri Lanka, dans le Caucase et, en particulier, en Tchéchénie n'ont pas provoqué l'intervention de l'ONU. Le drame que vit actuellement l'Algérie laisse indifférent. Preuve que l'extension des conflits intra-étatiques n'est pas née uniquement de l'effondrement du bloc soviétique - le phénomène a seulement été amplifié - en 1985, on a dénombré vingt-quatre situations de guerre civile dans lesquelles l'ONU refusait d'intervenir.

Les opérations menées en Afghanistan (1988), en Angola (1989-1991), en Somalie (1992-1994), au Liberia (1993), en ex - Yougoslavie (depuis 1992), au Rwanda (depuis 1993) ont été des échecs retentissants que ne peuvent faire oublier les résultats mitigés de l'opération au Cambodge (1992-1993) et les succès réels et remarquables des opérations en Namibie (1989-1990) et au Salvador (1991-1994).

Pourtant présente sur place, alors que les indices matériels de sa préparation se multipliaient, l'ONU s'est refusée à empêcher le quatrième génocide du siècle, celui du Rwanda. En ex-Yougoslavie, l'ONU a pris acte de la purification ethnique et, en violation de la Charte, s'est toujours refusée à identifié agresseurs et agressés, piégeant ainsi peu à peu les populations d'une Bosnie-Herzégovine qui semble n'avoir été reconnue comme Etat indépendant que pour mieux illustrer l'incapacité de l'ONU à protéger un Etat membre (voir post-scriptum).

Depuis cinquante ans, du fait des guerres, des millions de personnes sont mortes, des millions d'autres ont dû fuir leur pays, des souffrances incommensurables ont été endurées. Fondée sur la proclamation du "plus jamais ça !" de 1945, l'ONU, après avoir légitimé l'enfermement dans de nouveaux camps de milliers de rescapés de la Shoah interdits d'accès en Palestine, n'a rien fait pour empêcher ni les génocides du Cambodge et du

Rwanda, ni les purifications ethniques en ex-Yougoslavie. Cruel constat, cruel bilan : on chercherait en vain *un* cas où l'ONU a protégé efficacement contre le retour de la barbarie.

Qui oserait sérieusement avancer, en présence d'un tel résultat, qu'un système de sécurité collective a fonctionné ? L'état de paix dont ont bénéficié les territoires de l'Europe occidentale et de l'Amérique du Nord ne peut cautionner un système qui a largement failli.

Ce système a failli, pour l'essentiel, parce que les Etats, et en particulier les cinq membres permanents du Conseil de Sécurité (Chine, Etats-Unis, France, Grande-Bretagne, Union Soviétique/Russie), avec des appuis divers, ne lui ont pas permis de fonctionner. Comme le dit très justement Olivier Paye, "*l'ONU n'est qu'un interface*"[1] .

La sécurité collective reste un mythe inaccessible, parce que les Etats

- refusent de privilégier la charte fondatrice et se laissent guider prioritairement par des intérêts qui les divisent profondément quant aux attitudes à adopter en présence d'une situation potentiellement ou effectivement conflictuelle. Même lorsque ces Etats sont aussi étroitement liés que ceux réunis au sein de l'Union Européenne, phénomène le plus avancé d'intégration régionale aujourd'hui observable dans le monde, on constate - le dossier yougoslave en fournit un exemple éloquent - ce peu d'attachement aux principes et les divisions qui en découlent;
- refusent, en dépit de la réthorique officielle, de se soumettre à des règles communes, dès lors que le droit international qu'ils sont prêts à imposer aux autres, pourrait s'appliquer également à eux;

[1] PAYE Olivier, conférence donnée à Bruxelles le 11 mai 1995.

- refusent le degré nécessaire de supranationalité dont devrait disposer une organisation internationale pour pouvoir utiliser, sous la seule autorité des règles du droit, une force de paix internationale disposant des moyens suffisants pour pouvoir intervenir efficacement dans un conflit soit entre Etats, soit à l'intérieur d'un Etat. Les Etats ne respectent même pas leurs engagements financiers à l'égard des systèmes de sécurité collective. Une nouvelle fois, l'Union Européenne fournit l'exemple qu'en dépit d'un degré très avancé de coopération entre Etats, il est impossible d'obtenir les délégations de souveraineté indispensables à l'existence crédible d'une force de défense commune; la quasi inconsistance opérationnelle de l'Union de l'Europe Occidentale, fragile ébauche d'une Europe de la défense, en fait foi;

- privilégient, au nom du "réalisme" et du "sens des responsabilités" (termes utilisés pour dissimuler l'impuissance, la lâcheté ou la défense d'intérêts particuliers), la négociation avec des interlocuteurs qui se servent des usages démocratiques pour détruire la démocratie. Hier comme aujourd'hui, à la défense des principes et à la sanction des fautes, ils préfèrent les accommodements douteux nés de négociations qui sont chaque fois jeux de dupes. Hier, ils négociaient avec "Monsieur" Hitler comme aujourd'hui ils tendent la main à "Son Excellence, Monsieur" Khieu Samphan ou, pour citer des massacreurs actuellement à l'oeuvre, à "Monsieur" Milosevic, à "Monsieur" Karadzic et au général Ratko Mladic;

- continuent à privilégier la course - au moins qualitative - aux armements de préférence à des plans équilibrés, planifiés, mutuellement contrôlés de désarmement;

- sont incapables de risquer la vie de leurs soldats pour la simple défense du droit. Imposer le droit, c'est-à-dire exécuter la chose jugée, action de police par excellence, est une nécessité dans toute société structurée. La société internationale reste un chaos dont personne ne veut payer le prix d'une authentique et démocratique mise en ordre. En attendant que le désordre amène des pertes de vies humaines beaucoup plus importantes que celles qu'on a tenté d'éviter.

Après plus de soixante-quinze ans d'expérimentation, la sécurité collective se présente comme un système incapable de prévenir les conflits ou d'y mettre fin. Cette approche archaïque de l'organisation du monde, pratiquée depuis 1919, permet cependant de justifier, surtout depuis la fin de la guerre froide, la persistance, hautement rentable pour certains groupes privés, de systèmes de défense nationaux extrêmement puissants, capables d'agir dans le monde en s'intégrant dans des opérations internationales de police dont l'augmentation en nombre et en volume est toutefois inversement proportionnelle aux résultats positifs obtenus. On voit ainsi les cinq membres permanents du Conseil de Sécurité donner au monde l'exemple de politiques militaires caractérisées par le souci d'accroître, encore et toujours, les capacités d'intervention et de destruction. On voit ces mêmes pays dicter leur loi lorsque leur ordre risque d'être remis en cause dans leur zone d'influence. L'opération "Tempête du Désert", voulue par les Etats-Unis contre l'Irak, sous couvert du respect du droit international, comme l'opération "Turquoise" imposée par la France au Rwanda sous couvert de motifs humanitaires illustrent la persistance de cette approche de la sécurité collective.

A moins de soutenir l'idée de la nécessité d'un accroissement permanent quantitatif et qualitatif des capacités militaires, à moins de se satisfaire du présent désordre international et de la prolifération des conflits, il faut cesser de rêver à une prochaine et improbable acceptation, par les Etats, d'une vision limitée de leur compétence nationale. Le rejet des propositions concrètes avancées par Mikhaïl Gorbatchev en 1987 a fourni la mesure de la volonté de réforme des pays occidentaux et du conservatisme des establishments militaires et diplomatiques. Remettre en cause le mythe de la sécurité collective et rechercher des méthodes plus efficientes de sécurité doit devenir la priorité des peuples. *Il n'y aura pas d'organisation effective de la sécurité collective si le principe de la souveraineté nationale n'est pas modifié*, affirmait Paul-Henry Spaak, dès 1945 [1] .

Le droit des peuples à disposer d'eux-mêmes

Le deuxième paragraphe de l'article 1er de la Charte établit que les relations entre les nations doivent être fondées sur "*le respect du principe de l'égalité de droits des peuples et de leur droit à disposer d'eux-mêmes*".

On est sans nul doute en présence d'une des plus formidables mystifications de ce siècle: faire croire que les peuples sont maîtres de leur destin alors que celui-ci a été, par la volonté de la Charte des Nations Unies, lié à celui des gouvernants, eux-mêmes souvent dépendants d'intérêts privés. *« Le droit des peuples à disposer d'eux-mêmes n'a jamais été que le bon plaisir des princes à disposer des peuples »*, écrit fort justement Pierre Mertens[2].

Tant il est vrai que ce droit fut avant tout celui des Khmers rouges d'exterminer les Cambodgiens et du président Habyarimana de planifier le génocide rwandais. Ce fut aussi le droit d'imposer leur dictature et de faire régner la terreur accordé aux colonels grecs, aux

---

[1] HUIZINGA J.H., *Paul-Henri Spaak*, Bruxelles, Paul Legrain, 1988.
[2] MERTENS Pierre, *Cosi Fan Tutti*, in Centre de droit international de l'ULB, *Entre les lignes, la guerre du Golfe et le droit international*, Bruxelles, Creadif, 1991.

généraux turcs, à Pinochet et ses collègues latino-américains, à Menguistu, Mobutu et leurs collègues africains, aux monarchies féodales du Proche-Orient, tous soutenus par Washington, Paris, Moscou, Londres, ou.. Bruxelles. Ce fut également le droit d'un Nicolae Ceaucescu, d'un Wladislaw Gomulka, d'un Todor Jivkov, d'un Janos Kadar, d'un Antonin Novotny, d'un Walter Ulbricht d'imposer, sous le contrôle de Moscou, la « dictature du prolétariat ». L'ordre mondial dicté à l'immense majorité des peuples du monde par les deux principaux signataires de la Charte des Nations Unies fut, pendant près de cinquante ans, celui de la terreur fasciste ou du goulag communiste.

Aujourd'hui, alors que la division du monde en deux blocs antagonistes a pris fin, le droit des peuples à disposer d'eux-mêmes continue à signifier le droit des Turcs de massacrer les Kurdes, des Russes d'exterminer les Tchéchènes, des Chinois de faire disparaître la nation tibétaine, des militaires birmans d'éliminer le peuple Karen, de l'armée soudanaise à éliminer les peuplades du sud du pays, des groupes privés transnationaux à imposer leurs lois dans un nombre croissant de pays du Sud, ...

Sauf dans les pays où la démocratie s'est fortement implantée et où les gouvernants ne sont que des élus choisis librement par la majorité des citoyens, soumis à un contrôle permanent et tenus de rendre régulièrement des comptes, il est rare que ceux qui dirigent un pays traduisent les aspirations profondes des habitants.

Etablie comme si tous les peuples disposaient du droit de choisir librement et régulièrement leurs gouvernants, la Charte des Nations Unies a fourni à tous les tyrans de la planète une extraordinaire légitimité en assimilant le droit des peuples à disposer d'eux-mêmes à la souveraineté des Etats. Si on ne peut oublier que cette assimilation, au nom du libre choix à un statut international, contribua puissamment à légitimer la lutte contre le colonialisme, on doit souligner qu'elle bloqua toute évolution interne et renforça le concept traditionnel de non-ingérence dans les affaires intérieures, affaiblissant le lien entre libre disposition, libre choix d'un régime et d'un gouvernement et respect des droits humains.

A l'heure du bilan, même si des progrès considérables ont été enregistrés depuis une dizaine d'années, il faut constater que, dans de nombreux cas, les Etats traduisent peu et mal les aspirations des peuples qu'ils sont censés représenter. Les classes dirigeantes qui les contrôlent servent d'autres intérêts que ceux du peuple. S'il en était autrement, la paix et le développement ne seraient plus des objectifs lointains. Le droit des peuples à disposer d'eux-mêmes n'est pas, à l'évidence, garanti par les Etats. Il faut le refonder.

Le droit international

Un autre mythe dont on berne les peuples pour les amener à souscrire aux politiques choisies en dehors d'eux, c'est celui de l'instauration d'un ordre international pacifié par le droit. Illustration d'un double langage entretenant ce genre d'équivoque, les juristes désignent par "droit des gens", cette partie du droit qui ne traite que des relations entre les Etats, relations dont les gens ont été jusqu'ici exclus.

Pour expliquer le désordre international, les Etats avancent très souvent deux arguments contraires. Tantôt, ils invoquent le vide juridique, tantôt ils s'appuient sur des textes qu'ils présentent alors comme contraignants. On se trouve en fait devant un dévoiement, une manipulation du droit, appliqué facultativement en fonction des protagonistes et des intérêts du moment.

La guerre du Golfe a fourni un concentré peu commun d'exemples du genre. Alors que, depuis la guerre de Corée, le Chapitre VII de la Charte des Nations Unies n'avait jamais été invoqué pour mettre fin aux différentes invasions énumérées plus haut, le Conseil de

Sécurité, soumis, comme en 1950, à une volonté américaine sans contrepoids, a décidé que, pour une fois (intérêts pétroliers obligent), il ne fallait pas donner de "prime à l'agression". Ce qui est toléré lorsqu'Israël ou la Syrie occupent le Liban est devenu soudainement intolérable lorsqu'il s'agit de l'Irak. Une agression se définit en fonction du drapeau de l'agresseur. Tout l'arsenal du droit international, ignoré lorsqu'il s'agit de ces agresseurs-là, a été dès lors utilisé contre cet agresseur-ci. Mais lorsque les conséquences des invitations américaines faites au peuple kurde de se soulever contre la dictature irakienne se sont fait lourdement sentir, alors, feignant d'oublier les obligations créées par le droit international existant, le Conseil de Sécurité a invoqué son manque de performance et le "vide juridique". Et, pour apaiser les opinions publiques indignées, il a inventé un gadget médiatique: le droit d'ingérence humanitaire, beaucoup moins contraignant pour les Etats que les quatre Conventions de Genève de 1949, leurs Protocoles additionnels de 1977 et les mécanismes d'application qu'ils créent. Tout le battage médiatique sur le supposé droit d'ingérence a remarquablement dissimulé la démission des Etats qui n'ont pas versé un franc pour financer la protection des populations au Kurdistan, ce qui a entraîné le retrait de l'ONU. C'est cela la perversité du discours sur le progrès par le droit. Il occulte les réalités politiques.

Il n'est pas contestable que, depuis 1945, des progrès considérables aient été réalisés au niveau des textes adoptés. On se trouve dans une situation où, par le Chapitre VII de la Charte et par un grand nombre de textes ratifiés, les Etats ont transféré, sur le papier, une partie de leur souveraineté. Des droits humains fondamentaux ont été universellement reconnus. Les conventions internationales et autres pactes, fruits d'années de discussions, se sont multipliés. Mais, comme l'indique justement Dominique David, « *le droit ne crée pas les conditions de la démocratie et de la paix, il les organise et les stabilise quand elles existent ».*[1]

A la différence de ce qui prévaut à l'intérieur des pays où règne l'état de droit, dans l'ordre international, la paix par le droit reste un mythe. Comme le rappelle Blandine Kriegel, « *l'apparition de l'Etat de droit dépend de l'apparition de l'état de droit, c'est-à-dire de la substitution du règlement des litiges par la règle de droit à leur seul règlement par la force* »[2] . L'ordre international proposé par la Charte des Nations Unies et les multiples instruments internationaux adoptés depuis cinquante ans ne crée pas un Etat international de droit parce qu'il n'existe pas - pas encore - de société civile internationale pacifiée où les litiges sont arbitrés par l'autorité juridique. Dans la réalité des relations internationales, la légitimité de la violence et de la puissance n'a pas encore été fondamentalement contestée. Prenons, à titre d'exemple, ce qu'on peut attendre comme un minimum : le problème de la protection des personnes civiles dans les situations de guerre. Les Conventions de Genève et les Protocoles additionnels de 1977 font obligation aux Etats non seulement de les respecter, mais aussi de les faire respecter. Il y a donc une valeur contraignante. Or, on constate qu'elle est de plus en plus ignorée par les Etats eux-mêmes au point que ceux-ci dissimulent leur refus d'appliquer ces textes en inventant des formules médiatiques beaucoup moins solides juridiquement comme, par exemple, le droit d'ingérence humanitaire. Le droit n'écarte pas le conflit international aussi longtemps que les Etats refusent de se soumettre à des juridictions chargées de dire le droit et à des instances capables de l'appliquer et de le sanctionner.

---

[1] DAVID Dominique, *Refuser les slogans démagogiques,* in Le Monde des Débats, Les défaites de l'ONU, juillet-août 1994.

[2] KRIEGEL Blandine, *Propos sur la démocratie*, Paris, Descartes & Cie, 1994.

A peine un quart des Etats membres de l'ONU reconnaissent la juridiction obligatoire de la Cour Internationale de Justice de La Haye. Celle-ci n'a eu à connaître, entre 1946 et 1992, que 65 différends.

Refusant tout abandon de souveraineté, les Etats pratiquent une forme de "ni-ni" générateur du chaos observable aujourd'hui : ils n'appliquent pas les textes qu'ils ont signés - en particulier ceux qui, dans certains cas, leur font devoir de poursuivre des auteurs de crimes de guerre ou de crimes contre l'humanité - et ils refusent de créer une juridiction criminelle internationale permanente.

Pour se justifier, les acteurs internationaux s'efforcent de présenter le droit international comme une sorte de catalogue de bonnes intentions, une préfiguration d'une cité planétaire lointaine vers laquelle il faudrait essayer de tendre.

Ce discours sur le droit international, qui est commun à l'immense majorité des gouvernants, participe lui aussi de la manipulation des opinions publiques. La vocation du droit n'est pas de fournir un idéal. Encore moins de supprimer les crimes et délits et, en l'occurrence, les agressions et autres atteintes à la paix. La vocation du droit est de créer l'ordre décidé par la majorité en identifiant les manquements à celui-ci et les sanctions qu'ils justifient. Son application et elle seule permet à cet ordre d'exister. L'argumentation toujours développée sur la nécessité d'améliorer le droit existant procède d'une instrumentalisation du droit en vue de donner, à une opinion publique inquiète, l'apparence de l'action. Ce qui triomphe, ce n'est pas la force du droit, c'est le droit de la force. Presque rien n'a changé, cinquante ans après.

Certains porte-parole de l'école diplomatique classique abattent franchement leurs cartes. Ainsi, le cynique Henry Kissinger déclarant qu'il faut « *être réaliste et ne pas considérer que le droit international peut et doit triompher partout sur la planète, mais d'abord dans les zones où il rejoint l'intérêt des grandes puissances »*. La règle de droit est remplacée par la force des intérêts.

La paix par le droit est un mythe de plus dès lors que n'existent pas la volonté et les moyens de le mettre en oeuvre partout, tout le temps et de la même manière. Aussi longtemps que le droit ne s'impose pas à tous également, la paix par le droit est une illusion. C'est également pour beaucoup une fuite du politique, une sorte de refuge ouaté où la technicité offre les allures du pragmatisme. Le droit international est alors un outil qu'on polit et repolit avec délectation en attendant son utilisateur et en confondant progressivement l'instrument et les travaux pour lesquels il est conçu.

Comme l'écrivent ces exégètes de la Charte que sont Jean-Pierre Cot et Alain Pellet: *le droit n'existe pas en soi (...) et le règne de la loi internationale ne cessera d'être un slogan fécond que si une force crédible est mise au service de ce grand dessein et assure, avec une efficacité raisonnable, l'application des règles assises sur une légitimité incontestable* [1].

La croissance

Le quatrième grand mythe manipulateur a été construit autour du thème de la croissance, de ses contraintes réputées incontournables, de ses prétendues performances et de ses vertus pacificatrices. Il s'agit en fait d'un véritable détournement d'objectif. La recherche de la croissance s'est substituée à la notion globale de développement, la première étant censée, selon le discours dominant, garantir la seconde.

S'il est incontestable qu'il y a une interdépendance très forte entre le développement économique, les libertés fondamentales et la paix, si on

---

[1] COT Jean-Pierre & PELLET Alain, *L'ONU. La Charte*. Paris, Economica, 1991.

économique, les libertés fondamentales et la paix, si on peut, sans risque d'être contredit, affirmer que les inégalités économiques sont la cause première des violations des droits humains et des guerres, il serait contraire à l'évidence historique d'en conclure, comme on ne cesse de le proclamer, qu'il suffirait de donner libre cours aux lois du marché, dans une liberté absolue des échanges, pour que disparaissent les causes de conflits.

Parce que, précisément, les objectifs d'un développement basé sur la liberté absolue des acteurs économiques ne sont pas compatibles avec les objectifs d'un ordre mondial attaché à la dignité des personnes et à la paix entre les peuples.

Parce que la croissance comme fin en soi n'est que l'instrument du profit. Il s'agit, non pas de créer des plus-values à redistribuer, à affecter au développement humain, à l'enseignement, à la santé, à l'environnement, à l'épanouissement des cultures. Il s'agit de privilégier le rendement des capitaux le plus rapide et le plus élevé. Il s'agit d'accroître la productivité des entreprises. Il s'agit de gagner toujours plus avec des coûts toujours moindres. Il s'agit d'ouvrir toujours plus les marchés à une concurrence sans règles, sans frein, à la loi de la jungle. Ce qui réclame la mise en oeuvre de pratiques avilissantes pour les hommes, les femmes et les enfants. Ce qui provoque des destructions massives du cadre de vie global. Ce qui perpétue les inégalités, la misère, l'injustice. Ce qui nourrit les idéologies du refus, de l'exclusion, de la haine.

On pourrait rêver d'une croissance maîtrisée, mise au service du mieux-être de l'humanité, qui concilierait la liberté et la justice, le droit de chacun à améliorer son sort personnel conjugué avec l'obligation des sociétés organisées à assurer la solidarité. Ce n'est pas celle qui nous est imposée par l'idéologie dominante dont le catéchisme, qui présente les maux dont souffre la planète comme des fatalités inéluctables, ne retient que les mérites de la performance, de la compétitivité, de la dérégulation, de la monnaie forte, de l'assainissement, de la rigueur, de la mondialisation des échanges.

La croissance, présentée comme moteur du développement, est un leurre. Pour trois raisons. D'abord, parce que le développement ne peut se concevoir selon un modèle unique, dans le mépris des réalités et des aspirations. Le modèle néolibéral à prétention universelle est aujourd'hui le plus dangereux des dogmes. Il inspire les politiques du couple FMI/BM dont on peut observer les échecs aussi retentissants que criminels. Ensuite, parce que ce n'est pas le projet des bénéficiaires de cette croissance de partager la richesse créée. Leur projet est de se l'approprier. Les pays de l'Europe occidentale, au prix de décennies de luttes sociales et politiques, ont mis en place un ensemble complexe de mécanismes de solidarité. Tous les efforts des tenants du néolibéralisme sont tendus vers le démantèlement de ces mécanismes, au nom de la croissance. Ce n'est pas un hasard si les néolibéraux sont aujourd'hui les plus ardents partisans d'une Europe limitée au mercantilisme. Ce n'est pas un hasard si le G7 est né de la volonté d'un Giscard d'Estaing. Plus vite la décision échappera aux Etats - surtout s'ils ont une forte capacité régulatrice -, plus vite on pourra se passer de partager la richesse produite. Le discours sur le libre-échange comme facteur décisif de la croissance n'a pas d'autres motivations. Enfin, parce que ce type de croissance ne sert pas le développement, il le contrarie. Il accroît les inégalités entre pays riches et pays pauvres. Il accentue l'avilissement des populations. Il contribue à l'appauvrissement des ressources naturelles et à l'épuisement des énergies non-renouvelables. Il nourrit les antagonismes.

Comme le dogme collectiviste d'hier n'était qu'un des masques de la dictature, aujourd'hui, le dogme partout célébré de la croissance-qui-nous-assurera-des-lendemains-qui-chantent-et-un-avenir-radieux, n'est que le paravent d'une réalité: l'exploitation. Une croissance économique qui n'est pas intégrée dans une volonté politique de développement humain, global et durable, n'est pas un instrument de développement et de paix. Maximiser les richesses n'a pas jusqu'ici servi le développement. Cela s'est fait à son détriment.

*

* *

Un regard lucide porté sur le jubilé célébré cette année force au réalisme. Non pas le réalisme de la résignation, de l'acceptation de l'ordre des choses, mais le réalisme de ceux qui veulent regarder le monde tel qu'il est pour mieux réussir les changements qui s'imposent.

Paraphrasant Pierre Mendès-France et Lionel Jospin, on a envie d'affirmer que le temps est venu, dans l'ordre international aussi, de dire ce que l'on fait et de faire ce que l'on dit.

Voici trop longtemps que les affaires du monde sont conduites par des acteurs qui cachent leurs desseins véritables. Voici trop longtemps que l'on trompe les peuples avec des principes qu'on renie aussitôt après les avoir proclamés. Voici trop longtemps que le cynisme préside aux relations entre les peuples.

Ceci devrait incliner à un nouvel internationalisme d'autant plus impérieux que grandit partout la tentation du repli sur soi, sur son village ou son quartier, sur sa région, sur son pays, sur ses valeurs culturelles ou religieuses. Jamais, comme aujourd'hui, ce que Jean Daniel appelle « *la coexistence de la dialectique conflictuelle entre identité et universalité* » [1] n'a penché aussi fortement en faveur des réflexes identitaires. Le nationalisme se renforce partout. On sait où cela conduit. A ceux qui ont la mémoire un peu courte, le président Mitterand rappelait fort à propos dans un de ses derniers discours que « *le nationalisme, c'est la guerre*! »

---

[1] DANIEL Jean, *Voyage au bout de la nation*, Paris, Seuil, 1995.

Un nouvel internationalisme s'impose. Ce rééquilibrage en faveur de l'universel, c'est une nouvelle conception de la citoyenneté. Une citoyenneté partagée par dessus les frontières, pour l'échange des informations, pour la coordination des actions, pour la solidarité. L'explosion des techniques de communication facilite la formation de réseaux internationaux de citoyens. Les solidarités internationales rencontrent infiniment moins d'obstacles pratiques qu'auparavant. Le projet de Jaurès est plus que jamais pertinent.

Les citoyens attachés à un monde de paix, de justice et de liberté doivent davantage s'engager dans les questions internationales. Beaucoup, depuis une vingtaine d'années, a déjà été fait. Que serait aujourd'hui la situation des droits humains dans le monde sans l'action des Ligues de droits de l'homme et d'autres associations volontaires comme Amnesty International ou Human Rights Watch ? Que serait la situation du développement sans l'action des ONG qui ont gardé leur indépendance ? Mais l'état du monde, la puissance des intérêts privés agissant en dehors de tout contrôle, la persistance de l'esprit munichois, l'indifférence de l'immense majorité des élus nationaux pour les questions internationales forcent à plus encore. La campagne internationale menée par Handicap International contre les mines anti-personnel fournit un exemple des actions à entreprendre. Les initiatives menées par l'Association européenne Droit contre Raison d'Etat ou par l'association française Survie en sont d'autres.

Les citoyens doivent réclamer des réformes institutionnelles en faveur d'une plus grande transparence des actes de l'Etat dans l'ordre externe. L'institution parlementaire doit avoir la possibilité d'un contrôle public systématique des politiques menées sur la scène internationale. Bastille de cette fin de siècle, le sacro-saint "secret-défense", utilisé pour masquer toutes les turpitudes des gouvernants, doit être aboli. L'opacité qui entoure le commerce des armes, si déterminant dans les choix de politique internationale, doit être levée.

Les citoyens doivent exiger que les questions internationales occupent une place plus grande dans l'enseignement. Ils doivent harceler les élus, les obliger à justifier leurs choix ou leurs abandons, les forcer à prendre leurs responsabilités. Alors que la plupart des pays européens sont dotés de structures régionales avec des élus qui leurs sont propres, il revient, plus que jamais, aux mandataires nationaux de se consacrer aux questions de politique étrangère et d'en rendre compte. La paix du monde est au moins aussi importante qu'une loi fiscale ou un taux de croissance.

La presse, dont l'existence est liée à la liberté, doit remplir une fonction d'investigation, d'explication et d'analyse sur les questions internationales qui dépasse et de loin la simple retransmission des dépêches fournies par des agences de presse totalement sous contrôle de gouvernements ou de très puissants groupes privés. Les Etats-Unis et la Grande-Bretagne, premiers protagonistes d'un monde livré aux intérêts privés, agissaient à dessein lorsqu'ils tentaient de détruire une UNESCO soucieuse de favoriser la diffusion des informations par des agences de presse indépendantes. Cette bataille perdue doit être reprise pour que la presse puisse contribuer à démonter les mécanismes de la manipulation et de la mise en condition.

Sans doute doit-on constater d'importants échecs de la démocratie sur ce front: la manière dont les médias ont abandonné tout esprit critique pendant la crise, puis la guerre du Golfe, les difficulés d'une agence de presse comme IPS, qui tente de donner une voix à ceux qui n'en ont pas, l'indifférence des démocraties occidentales devant les violations de la liberté de la presse dans le monde et en particulier en Algérie, en Birmanie, au Cambodge, en Chine, en Colombie, en Egypte, en Indonésie, en Serbie-Monténégro, en Tunisie, au Yémen.

Comme le souligne l'effrayant rapport annuel de Reporters Sans Frontières, *moins d'un dixième de l'humanité jouit de la liberté de la presse*[1] . Raison de plus pour agir !

Les femmes et les hommes, qui ont de leur place et de leur rôle dans la société une conception citoyenne, ne doivent céder ni à un sentiment d'impuissance, ni, subséquemment, à une tentation de repli sur l'immédiatement accessible. Selon une formule restée célèbre, « *si les dégoûtés s'en vont, il ne restera que les dégoûtants* » [2] .

Sur la scène internationale, c'est maintenant le temps des citoyens.

---

[1] REPORTERS SANS FRONTIERES, Rapport 1995, Paris, 1995.

[2] Propos répétés comme à plaisir par M. Théo Lefèvre, premier ministre belge de 1961 à 1965.

I. LE SYSTEME DES NATIONS UNIES

1. L'Organisation

La construction de 1945 a été élevée sur des fondations qui ont aujourd'hui disparu: des empires coloniaux, des empires idéologiques, une dialectique vainqueurs-vaincus. L'empire britannique et l'Union française ont disparu. Les vainqueurs se sont rapidement divisés en deux blocs antagonistes au point de porter le monde au bord d'un nouveau gouffre. Le bloc soviétique s'est ensuite désintégré, les vaincus de 1945, l'Allemagne et le Japon sont, avec les Etats-Unis, les trois premières puissances économiques du monde. Il y avait 50 Etats signataires de la Charte des Nations Unies, le 26 juin 1945; il y en a 184 aujourd'hui. Ces simples constatations suffiraient à justifier à tout le moins une adaptation aux réalités d'aujourd'hui. D'autant que les performances de l'Organisation sont loin de plaider en faveur du statu quo.

Contrairement à la présentation qui en est généralement faite, à commencer par l'ONU elle-même, le système des Nations Unies n'en est pas un dans la mesure où le degré d'indépendance de ses composantes est telle qu'on n'atteint pas le niveau de coordination et d'interaction suffisant et nécessaire pour pouvoir parler d'un système. A un extrême, on trouve des institutions directement attachées au Secrétariat général (la C.I.J., le Centre des droits de l'homme, la CNUCED, le HCR, les Commissions régionales,...) et à l'autre extrême des institutions absolument autonomes et plus puissantes que l'ONU elle-même (les institutions de Bretton Woods, la toute nouvelle OMC). Entre ces deux extrémités, on trouve un ensemble complexe de statuts variés excluant toute forme d'articulation entre les différentes institutions.

En dépit d'efforts répétés, chaque fois matérialisés par la création de nouvelles structures, aucune coordination sérieuse n'a pu se mettre en place entre l'ONU et ses différentes agences et on ne compte plus les programmes concurrents observables dans l'ensemble de la nébuleuse onusienne. La seule coordination établie, mise en place au prix d'une très lourde machinerie, concerne les questions de personnel qui relèvent d'un régime commun. Mais les institutions de Bretton Woods ne s'y sont pas ralliées.

Depuis le début de cette décennie, le budget annuel total du système des Nations Unies, toutes agences confondues, dépasse les 10 milliards de US $ (dont 2 milliards pour l'ONU seule et les organismes qui en dépendent directement), opérations de paix non comprises. Ce montant est relativement faible eu égard aux innombrables missions toujours trop ambitieuses qui sont confiées aux Nations Unies et à ses agences.

1.1. L'Assemblée générale

Elle réunit la quasi totalité - la Suisse n'a jamais voulu y entrer, Taiwan en fut exclue au profit de la R.P. de Chine - des Etats de la planète. En principe, l'adhésion à l'ONU signifie l'adhésion à sa Charte et donc son respect. Mais l'appartenance à l'Organisation n'est subordonnée à aucun mécanisme de contrôle et de vérification de l'application des principes de la Charte. Ce fut une grande faiblesse du dispositif créé il y a cinquante ans. L'adhésion à la Charte et l'entrée dans l'Organisation n'ont pas été soumises à des contraintes. On a même vu, il y a peu, un Etat agresseur - la Serbie - entrer à l'ONU alors que la Charte l'interdit formellement. Contrairement à ce que voudraient faire croire la rhétorique officielle et certains juristes en chambre, adhérer à l'ONU n'engage à rien et le cas de l'Afrique du Sud, expulsée pour cause d'apartheid, est resté unique.

Par contre, l'adhésion à l'ONU est soumise à l'assentiment de ses membres, non pas en vertu de règles auxquelles les pays candidats auraient à souscrire, mais pour la seule raison qu'ils plaisent ou non à un des membres permanents du Conseil de Sécurité ou à une majorité du moment. Ainsi, la Grande-Bretagne a-t-elle empêché pendant dix ans l'entrée de l'Irlande, coupable d'être restée neutre pendant la deuxième guerre mondiale et assimilée aux pays alliés de l'Allemagne nazie. Ainsi, un quart de l'humanité fut maintenu pendant 22 ans à l'extérieur de l'Organisation, suite au refus américain de voir la Chine populaire y adhérer. Si soucieuse d'éviter toute forme d'ingérence, l'ONU n'hésite cependant pas à s'ingérer dans le choix des représentants qualifiés d'un pays. Ainsi l'ONU a-t-elle préféré une représentation à une autre à propos du Congo ex-belge (1960), du Yémen du Nord (1962) et, plus grave encore, du Cambodge (1979), soutenant pendant dix ans que la seule représentation légitime du peuple cambodgien était l'organisation responsable du génocide commis entre 1975 et 1979: les Khmers rouges ! Une nouvelle fois, le défaut de principes contraignants crée une situation discrétionnaire. L'absence de mécanismes de contrôle du respect des règles crée un chaos dont ne bénéficient que les puissants.

La crédibilité de l'Assemblée générale est fortement affectée par les particularités liées à son mode de décision. La responsabilité est diluée. Chaque pays dispose d'une voix. Les 18.000 habitants du Liechtenstein sont représentés de la même manière que les 1,3 milliard de Chinois. Un principe d'égalité qui n'est pas pondéré par des critères objectifs permettant de prendre en compte le poids réel des pays dans la vie de la planète aboutit à l'irresponsabilité et l'impuissance d'une Assemblée réduite au rôle de tribune d'ambassadeurs.

Improprement présentée comme un "parlement des peuples", l'Assemblée entretient la mystification d'une institution démocratique alors qu'il s'agit d'une enceinte où ne sont représentés que des gouvernements.

Après la décolonisation, l'Assemblée fut un temps la tribune privilégiée des jeunes nations. Le groupe des pays afro-asiatiques réunissant un tiers des voix, parut même un temps exercer une certaine influence. C'est de cette époque que datent la CNUCED et le PNUD qui furent, dans le domaine du développement, parmi les plus grandes espérances nées de la volonté de l'Assemblée. Mais les pays du Mouvement des Non Alignés furent piégés par la guerre froide. Les propositions qu'ils avançaient n'étaient pas examinées en fonction des objectifs de la Charte des Nations Unies qu'ils prenaient au sérieux. Elles l'étaient en fonction de l'affrontement Est-Ouest.

Pour dépasser l'impuissance dont cet affrontement l'affligeait, l'Assemblée fut à l'origine de nombreuses agences et institutions des Nations Unies. Mais elle contrôle très peu leur gestion et leur fonctionnement. Ces agences et institutions forment, avec l'Organisation elle-même, ce qu'on appelle le "système des Nations Unies". Expression tout à fait impropre puisque ces agences constituent autant de féodalités jalouses de leurs prérogatives et refusant obstinément de s'insérer dans un système intégré susceptible de mettre en oeuvre des politiques globales. Une telle opacité est à ce point entretenue à l'intérieur de chacune d'elles que le sous-secrétaire général chargé de l'administration et de la gestion a été obligé de reconnaître que "*70% des dépenses de l'ONU échappent au contrôle de l'Assemblée générale*"[1] . En dépit du prescrit de l'article 15, § 2 de la Charte,

[1] DELDIQUE Pierre-Edouard, *L'ONU. Combien de divisions ?*, Paris, Editions Dagorno, 1994, pp. 76-77.

l'Assemblée n'exerce pas sur le système la fonction de contrôle qui devrait être la sienne.

L'Assemblée pourrait exercer un rôle plus important en se servant de son principal pouvoir: l'approbation du budget de l'Organisation. Mais une nouvelle fois, la motivation première des membres de l'Assemblée - c'est-à-dire de diplomates représentant leur gouvernement - n'est pas la réussite de l'ONU. C'est la protection de leurs intérêts nationaux, au sens étroit du terme, c'est-à-dire la protection des intérêts de ceux qui sont au pouvoir dans leur pays. Motivation à laquelle il faut ajouter l'incapacité à sortir des usages, des routines et des privilèges d'une profession qui semble tout entière vouée à la perpétuation de l'état des choses. On chercherait en vain la mise en oeuvre, par les représentants de plusieurs pays qui seraient animés par une dynamique de paix, de stratégies en vue de sortir d'une approche mécanique et institutionnelle du fonctionnement de l'ONU.

L'Assemblée ne représente que des gouvernements. Elle n'est soumise à aucun contrôle démocratique. Sa représentativité et sa légitimité doivent être questionnées puisqu'elle s'inscrit dans un ensemble prétendument créé au nom des peuples. Dès lors, une représentation des peuples s'impose. Une Assemblée qui réunirait des élus délégués par les parlements nationaux représenterait un progrès considérable dans la mesure où ces élus, choisis démocratiquement dans leur propre pays, pourraient, beaucoup plus légitimement et beaucoup plus valablement que des diplomates, exprimer les attentes des populations qu'ils représentent. La création d'une telle Assemblée permettrait de franchir un bond qualitatif auquel les auteurs de la Charte s'étaient refusés il y a cinquante ans: imposer des conditions à l'accès, et en particulier des conditions relatives au mode d'élection des parlementaires délégués à cette Assemblée.

1.2. Le Conseil de Sécurité

Cinq membres permanents (la Chine, les Etats-Unis, la France, la Grande-Bretagne, la Russie), dix membres élus pour deux ans par l'Assemblée générale, telle est la composition de ce que certains baptisent un peu rapidement de "directoire mondial". Cette formule trop lapidaire ne rend pas compte de la réalité.

Tout d'abord, un authentique directoire démocratique serait composé de membres égaux en droits. Les membres du Conseil de Sécurité sont inégaux. Cinq d'entre eux disposent d'une présence permanente et d'un droit de veto. Ce déséquilibre entre les Cinq et les dix autres est accentué par la coordination que les Cinq entretiennent entre eux. Celle-ci est organisée. Le Club des Cinq est présidé à tour de rôle, pendant deux mois, par un des cinq ambassadeurs. Ceux-ci tiennent des réunions régulières et se concertent en permanence. Cette concertation née de la fin de la guerre froide a sans aucun doute facilité le règlement rapide de nombreux problèmes. Elle a cependant renforcé le caractère oligarchique du Conseil de Sécurité. Elle a surtout offert au plus fort une possibilité nouvelle d'imposer ses choix. Les membres renouvelables du Conseil de Sécurité qui appartiennent au Mouvement des Non-Alignés ont tenté de limiter l'influence du club des Cinq en prenant l'habitude de concertations régulières. Mais celles-ci sont restées informelles et les positions adoptées n'ont pas l'avantage d'être portées par un pays doté du droit de veto. La Chine, en dépit de ses proclamations, n'est pas le porte-parole du Sud.

Un directoire mondial démocratique serait représentatif. Le Conseil de Sécurité ne l'est pas. Il ne représente que 8% des membres de l'Organisation. Quant aux Cinq, le noyau stable de l'institution, ils n'en représentent que 2,72 %. Ce n'est pas un directoire, c'est une oligarchie.

Enfin, ce directoire s'appuierait sur une légitimité incontestable. Quelle est la légitimité du noyau stable ? La victoire de 1945. Cinquante ans plus tard, les deux grands vaincus du dernier conflit mondial comptent parmi les premières puissances économiques du monde et l'accès au club des Cinq est fermé à des continents entiers (Afrique, Amérique latine, Asie du Sud et du Sud-Est) dont tous les pays ont accédé à l'indépendance. En outre, des déséquilibres dans la composition actuelle favorisent scandaleusement le Nord. Sur cinq membres permanents, deux pays de l'Union Européenne disposant d'un siège, l'Occident compte 3 représentants.

Les 184 pays membres de l'ONU s'accordent pour considérer que la composition du Conseil de Sécurité est totalement dépassée - *anachronique*, ont-ils affirmé, constatant aussi que c'était leur seul point d'accord - et ne reflète en aucune façon les réalités d'aujourd'hui. Le droit de veto conféré à cinq d'entre eux bloque cependant toute réforme. L'Allemagne et le Japon ont fait acte de candidature, mais l'adhésion au club des membres permanents serait-elle seulement une prime à la puissance économique ? Comment justifier que l'Union Européenne disposerait à elle seule de trois sièges permanents et, d'une manière constante, d'un siège renouvelable, alors que des continents entiers ne sont même pas représentés parmi les membres permanents ?

L'instance internationale, chargée, en vertu de la Charte, de « *la responsabilité principale du maintien de la paix et de la sécurité internationales* » est donc inadaptée. Mais aucune volonté politique n'émerge pour apporter les changements indispensables. Annonçant sa candidature en 1992, le Japon avait espéré qu'en 1995, l'occasion du 50e anniversaire serait aussi celle d'un aggiornamento. Il n'en est rien. Le blocage est total.

Le Conseil de Sécurité, qui est au coeur de la diplomatie multilatérale, souffre non seulement d'un énorme déficit de représentativité et de légitimité, mais aussi d'une crédibilité de plus en plus faible à cause du dévoiement dont il est l'objet. Les pays du club des Cinq ne servent pas les principes de la Charte en utilisant l'instrument que représente le Conseil de Sécurité. Ils s'en servent. Grâce à deux faiblesses majeures du dispositif:

a) l'absence de contrôle politique. L'article 25 de la Charte consacre la prééminence du Conseil: les membres conviennent d'accepter et d'appliquer ses décisions. Ce qui signifie que tous les membres de l'Organisation, par leur adhésion à celle-ci, ont abandonné au Conseil le droit de prendre en leur nom des décisions auxquelles ils doivent se soumettre. Mais le Conseil, sauf un rapport annuel à l'Assemblée Générale, n'a aucun compte à rendre de ses décisions et de son action. Les Etats qui en sont membres sont exclusivement comptables devant leurs citoyens respectifs pourvu que ceux-ci et leurs représentants entendent exercer leurs droits. Sauf dans les rares pays pratiquant régulièrement les auditions parlementaires publiques sur des questions de politique internationale - et il faut reconnaître cette supériorité du système parlementaire américain qui offre de réelles possibilités de contrôle démocratique et force à la transparence - il n'est pas fréquent que les citoyens et leurs élus débattent des politiques conduites dans le cadre de l'ONU. En fait, la pratique du Conseil de Sécurité enlève aux rêveurs ou aux fabricants de mythes toute illusion sur la nature réelle de cette institution: il s'agit d'un club restreint agissant sous l'empire des opportunités. L'Assemblée générale de l'ONU n'a pas le pouvoir de contrôler le Conseil de Sécurité, de confirmer, par exemple, la qualification des actes condamnés par le Conseil, ni de ratifier ou remettre en cause les décisions prises par celui-ci. On se trouve devant cette absence totale de contrôle démocratique qui caractérise les relations entre Etats. On dispose ainsi d'une indication sur la dimension du chemin à parcourir pour que la démocratie s'impose sur la scène internationale et que prennent un sens les premiers mots hypocritement inscrits en préambule à la Charte des Nations Unies : "*Nous, les peuples*...".

b) l'absence de contrôle de légalité. Le Conseil de Sécurité dit la loi internationale d'une manière totalement discrétionnaire. En fait, il donne une légalité auto-proclamée à des décisions imposées par quelques grandes puissances et, le plus souvent, par la superpuissance américaine. Certes, comme le soulignent d'éminents juristes, le Conseil de Sécurité ne peut sortir du cadre défini par la Charte ou par le droit international existant. Mais cette constatation ne sort pas du registre des incantations. La réalité est brutale: en dépit du fait qu'un organe politique n'a pas le droit de procéder lui-même aux constatations juridiques qui doivent valider son action, il n'existe aucun organe dans l'ordre international qui soit chargé de contrôler la légalité des actes de l'ONU en général et du Conseil de Sécurité en particulier. La Cour Internationale de Justice, même si elle s'est reconnu la faculté d'aborder la question de la validité d'une résolution du Conseil de Sécurité, reste totalement impuissante en présence d'une résolution non valide que le Conseil de Sécurité veut imposer. Un des plus récents exemples est fourni par la poursuite de sanctions infligées à l'Irak. Le maintien de ces sanctions, imposé par les Etats-Unis, ne se justifie ni par le droit, ni par des actes d'ailleurs tolérés lorsqu'ils sont le fait de pays que Washington protège (par ex: Indonésie, Israël, Turquie) ou ménage (par ex: Chine). Il s'explique par la volonté des grandes compagnies pétrolières américaines d'empêcher le retour du pétrole irakien sur le marché. Cette même source des motivations américaines, à l'origine de la guerre du Golfe, ne se manifeste pas lorsque le droit est violé là où il n'y a pas de pétrole. Comme cela a déjà été souligné, le Conseil de Sécurité a tout loisir de pratiquer le droit à la carte, de l'invoquer quand cela sert les intérêts du moment, de l'ignorer ou de le bafouer quand cela ne les sert pas.

Que dirait-on, au sein d'un Etat démocratique, d'un organe de décision qui échapperait ainsi aux deux formes de contrôle qui sont à la base de tout système démocratique et prétendrait à une sorte d'infaillibilité ?

Cette manipulation du Conseil de Sécurité par les Cinq vide la Charte de sa substance. Les motivations fondatrices d'une Charte adoptée sur les cendres du nazisme sont reniées lorsque les décisions du Conseil de Sécurité légitiment le retour de la barbarie comme comportement normal des nations.

Avec les accords de Paris sur le Cambodge (1981) rédigés par les Cinq, l'ONU avait complété d'une réhabilitation morale et juridique la réhabilitation politique des Khmers rouges formulée dès 1979 par leur droit à représenter le peuple cambodgien et confirmée à chaque Assemblée générale, année après année. En acceptant de négocier avec un Slobodan Milosevic et un Radovan Karadzic, des individus passibles de condamnation pour crimes de guerre et crimes contre l'humanité et, de surcroît, en négociant ce qui n'est pas négociable - le démantèlement d'un Etat membre de l'Organisation - le Conseil de Sécurité restaure le monde d'avant la Charte. Pourtant, comme l'écrit Monique Chemillier Gendreau, celle-ci *n'a pas été rédigée pour composer avec l'agresseur. On savait trop où cela avait mené avec l'Allemagne nazie*[1] . Créé au nom du "plus jamais ça", le Conseil de Sécurité sanctionne le "encore ça". L'esprit d'Adolf Hitler, l'essence du nazisme, dans d'autres têtes, sous d'autres oripeaux ne sont pas morts. Ils semblent même avoir un bel avenir.

---

[1] CHEMILLIER GENDREAU Monique, *Comment assurer cette paix qui partout se dérobe*, Paris, Le Monde diplomatique, juillet 1994.

Chargé du maintien de la paix, le Conseil est très largement dépourvu des moyens d'agir sur les causes profondes de la guerre: les inégalités sociales et économiques entretenues par des systèmes d'exploitation internationaux. Avoir séparé les compétences économiques et financières des compétences de sécurité fut une des erreurs majeures des auteurs de la Charte. L'impuissance du Conseil à agir sur les véritables facteurs de guerre y trouve son origine. Cette impuissance a été aggravée par l'autonomie et le poids conférés aux institutions de Bretton Woods et la création du G7 (voir infra).

La fin de la guerre froide a mis en pleine lumière la réalité et les limites du Conseil de Sécurité. Ce club de grandes puissances n'est qu'un « *lieu de réaffirmation sélective des souverainetés nationales et de consécration de la diplomatie d'Etat.* »[1]

1.3. Le Secrétaire général

Nommé par l'Assemblée générale, le Secrétaire général est en fait choisi par les Cinq puisque le droit de veto s'applique à sa nomination. En vertu d'une pratique admise depuis la nomination de M. Trygve Lie, le premier Secrétaire général, la durée de son mandat est de cinq ans et le mandat est renouvelable.

Le plus haut en rang des fonctionnaires de la planète est assurément celui qui dispose de la marge de manoeuvre la plus étroite. Coincé entre les obligations de la Charte et les pressions des Cinq, il constitue, bien davantage que les organes, la plus authentique incarnation de l'ONU. Le Conseil de Sécurité n'est en fait que

---

[1] BADIE Bertrand, *La fin des territoires*, Paris, Fayard, 1995.

l'enceinte d'une conférence au sommet permanente, hier le champ clos des rivalités Est-Ouest, aujourd'hui un outil parmi d'autres de la puissance américaine. L'Assemblée générale n'est plus qu'une sorte d'assemblée libre des Etats. Le Secrétaire général **est** l'ONU. Et pourtant, la Charte ne lui confère pas une réelle autonomie. Ce n'est pas un organe de l'ONU, c'est, comme l'indique le texte anglais, un "chief administrative officer" investi d'un droit ad hoc.

Les titulaires ne se sont pas laissés enfermer dans l'étroitesse des textes. Cette fonction est celle qui a fourni l'interprétation la plus extensive de la Charte, sans jamais cependant y déroger. Conçue comme celle d'un directeur général (c'est le titre des « patrons » de plusieurs agences de l'ONU), elle est devenue, par l'action de la plupart de ceux qui l'ont exercée, celle du seul acteur politique authentiquement et exclusivement international. Gardien des valeurs et des principes de la Charte, le Secrétaire général incarne le dépassement du niveau intergouvernemental qu'entretiennent jalousement les Cinq et avec eux beaucoup d'autres Etats. S'appuyant sur l'article 99 de la Charte qui lui confère un droit d'initiative, le Secrétaire général peut, jusqu'à un certain point, se substituer - et les cas furent nombreux - à la carence des organes délibérants. Il est progressivement devenu l'instrument d'une diplomatie unique. Cette évolution fut paradoxalement favorisée par la division du monde en deux blocs entre lesquels la place médiane du Secrétaire général favorisait le rôle de médiateur.

Aujourd'hui, cette tâche est singulièrement plus ardue. A la bipolarité a succédé un monde éclaté, chaotique, dans lequel une seule superpuissance, totalement manipulée par les intérêts privés les plus puissants, entend bénéficier de sa position dominante, sans la moindre considération pour le sort des peuples. C'est dans ce monde que le Secrétaire général doit défendre la Charte. Un monde où les Etats-Unis se servent de l'ONU lorsque cela leur est profitable - et alors ils lui imposent leurs méthodes, leurs objectifs et leurs hommes - et agissent en dehors d'elle, voire contre elle quand ils ne peuvent imposer leur loi. Un monde où les Cinq refusent de fournir à l'ONU les moyens des politiques qu'ils décident (Kurdistan, Somalie, ex-Yougoslavie), un monde où rares sont les Etats qui poussent au respect de règles communes. Un monde où, à tous les coups, le Secrétaire général, soumis au chantage permanent à la réduction des contributions budgétaires, est le bouc émissaire tout désigné.

Porteur de responsabilités morales et politiques considérables, gardien du seul cadre universel existant pour la coopération intergouvernementale, le Secrétaire général de l'ONU est desservi par une institution largement inadaptée aux réalités et aux besoins d'aujourd'hui. Sans nul doute, les prédécesseurs de B. Boutros-Ghali furent de très brillants diplomates. Ils furent malheureusement de piètres administrateurs et cette faiblesse fut aggravée par les interférences des Etats qui, dans le même temps où ils critiquent les gaspillages, les dysfonctionnements, l'incompétence, imposent leurs créatures.

Les pays occidentaux ont fait du thème de la mauvaise gestion leur cheval de bataille contre l'ONU. Pourtant, ces mêmes pays occidentaux ont occupé, depuis la fondation de l'ONU et de ses différentes agences, plus de 70% des postes de direction. Certaines agences sont même, depuis 1946, sous la direction permanente d'un citoyen américain: l'UNICEF, le PNUD, la Banque Mondiale, l'Organisation Mondiale de la propriété Intellectuelle. Contrairement aux accusations régulièrement répétées par les Etats-Unis et la Grande-Bretagne, ce ne sont pas les pays du Sud qui ont le pouvoir de décision et le pouvoir d'imposer leurs choix dans la machinerie onusienne. Ce sont les Occidentaux et plus particulièrement les Etats-Unis. Sur les 29 directeurs généraux du système des Nations Unies actuellement en fonction, 24 proviennent des pays occidentaux. Le cas de l'OMS fournit depuis des années la démonstration éclatante que les Occidentaux n'offrent en aucune façon la garantie de la bonne gestion dans le respect des principes moraux de la Charte.

Si on trouve des fonctionnaires de grand talent, compétents, honnêtes et tout entier dévoués aux idéaux des Nations Unies, il n'est cependant pas contestable que la bureaucratie onusienne soit très souvent pléthorique, dans certains cas dispendieuse, parfois corrompue, trop peu motivée et assez peu efficace. Il est non moins incontestable que l'autonomie trop grande dont jouissent les différentes directions et les multiples agences et l'opacité qui caractérise leur gestion favorisent des gaspillages considérables. Il est manifeste aussi que certains salaires dans les rangs élevés de la hiérarchie sont sans commune mesure avec les responsabilités des bénéficiaires. Il est évident, enfin, que les capacités gestionnaires ont été très peu requises dans un système institutionnel composé surtout d'anciens diplomates ignorant tout de la gestion en administration publique.

Personne ne peut contester que les pratiques budgétaires, les systèmes de fonctionnement administratifs, la gestion soient totalement obsolètes. Une réforme de l'ensemble des institutions de l'ONU s'impose. Elle suppose une volonté, une autonomie d'action et la mise en place de mécanismes de contrôle. Jusqu'à ce jour, les Etats n'ont pas permis que ces conditions soient réunies. L'actuel Secrétaire général est sans conteste celui qui a procédé aux restructurations les plus importantes. Elles ont été presque toujours contrariées et leurs effets neutralisés par des lobbies internes soutenus par certains Etats.

Alors qu'il est sollicité de toutes parts, le Secrétaire général ne dispose pas de l'instrument le plus performant. Les tentatives courageuses - même si certaines furent maladroites - de M. Boutros-Ghali pour réorganiser la machinerie onusienne n'ont guère pu venir à bout des résistances internes, de l'apathie et, trop souvent, de l'incompétence de hauts fonctionnaires très faiblement animés par les idéaux de la Charte et soutenus par des Etats qui ne désirent pas une ONU performante, même si leurs déclarations publiques déplorent qu'elle ne le soit pas.

A ces faiblesses institutionnelles s'ajoutent les particularités qui affectent les opérations sur le terrain et qui ont trait aux défaillances en termes de planification et de logistique, mais aussi à la qualité du personnel civil et militaire déployé, à son degré de compétence, à sa maîtrise des réalités locales, à sa neutralité (voir infra).

Comment maintenir la cohérence des principes et des actions en présence d'Etats qui agissent au gré de leurs intérêts, exigeant ici un engagement international massif, refusant là de prendre en considération le sort de centaines de milliers de personnes menacées, s'engageant ailleurs dans une option qu'ils contredisent quelques mois plus tard ? Les drames de la Somalie et de l'ex-Yougoslavie, si souvent évoqués pour dénoncer l'impuissance de l'ONU et les erreurs de son Secrétaire général, sont d'abord le résultat de fautes commises non par l'ONU, mais par les Cinq.

On a vu, dans le même temps, le Secrétaire général plaider la patience avec Pol Pot et la fermeté avec Saddam Hussein. Combien de temps pourra-t-on contraindre un homme à de telles incohérences sans ruiner sa crédibilité, celle de sa fonction et de l'institution qu'il représente? A moins que ce ne soit le but poursuivi. Hypothèse qui n'a rien d'absurde, si on se souvient que, lors de la rédaction de la Charte, de nombreux gouvernements préféraient à un Secrétaire général unique une division du sommet de l'Organisation par la création de plusieurs fonctions dont les titulaires auraient été représentatifs des grandes tendances politiques, économiques et sociales de l'heure.

1.4. Le Conseil Economique et Social

Un tiers de la population du globe vit dans une pauvreté absolue; 1,5 milliard de personnes n'ont pas accès à des services de santé suffisants; 1,3 milliard de personnes ne disposent pas d'eau salubre; chaque année la pauvreté, la faim et la malnutrition tuent 14 millions de personnes dont 70% sont des enfants de moins de 5 ans; la destruction des forêts tropicales progresse à un taux équivalent à un terrain de football PAR SECONDE; le fossé entre les riches et les pauvres n'a jamais été aussi grand; les pays riches en Amérique du Nord, en Asie de l'Est, en Europe de l'Ouest, asservis aux intérêts privés, contribuent activement à l'accroissement des inégalités et des exclusions, au pillage des ressources naturelles et à la multiplication des conflits facilités par les ventes et les livraisons d'armes.

Le rapport mondial sur le développement humain du PNUD, une initiative récente (1990) qui brise le dogme libéral du PNB comme indicateur exclusif de la santé d'un pays, fournit le bilan de l'ultra-libéralisme triomphant. C'est aussi le bilan consternant de 50 années d'activités des agences des Nations Unies créées pour mettre fin aux inégalités et favoriser un développement harmonieux de tous les peuples. Comme l'indique Mahdi Elmandjra, dressant le bilan de la coopération technique multilatérale, *l'échec du système des Nations Unies dans ce domaine et les dommages involontaires causés par les modèles de développement qu'il a contribué à disséminer sont de plus en plus manifestes* [1] .

La Charte avait institué un Conseil Economique et Social (ECOSOC). Composé d'un nombre limité de membres, ce Conseil a dû attendre 1973 avant

---

[1] ELMANDJARA Mahdi, *Les organisations des Nations Unies: les voies du renouveau,* Futuribles, n°11, juin 1987.

d'être représentatif de l'ensemble des pays de la planète. Chargé de provoquer des études et de formuler des recommandations, le Conseil assure la programmation des activités de l'ONU dans le domaine économique et social en ce compris les droits humains. Il se réunit deux fois par an. C'est l'instance organisatrice des grandes conférences internationales de l'ONU. Près de quatre-vingt-dix de ces grands rassemblements ont été organisés à ce jour. Certains ont donné naissance à des institutions nouvelles (l'OMS en 1946, le GATT en 1947) qui ont parfois échappé à son autorité (la CNUCED en 1964, le PNUD en 1965 et l'ONUDI en 1967). Doté du pouvoir de coordonner les institutions internationales, l'ECOSOC a tenté vainement de réaliser cet objectif en suscitant la création de mécanismes de consultation entre ces institutions.

C'est sous l'égide du Conseil Economique et Social que s'organise la participation des organisations non gouvernementales. En soi, l'article 71 de la Charte qui prévoit cette consultation des ONG était révolutionnaire dans la mesure où, pour la première fois dans l'ordre international, des associations privées avaient la possibilité de dialoguer avec les Etats. Les statuts de l'OIT avaient ouvert la brèche en accordant aux organisations patronales et syndicales une place délibérante aux côtés des représentants des gouvernements. L'article 71 n'a pas généralisé l'ouverture jusqu'alors limitée au domaine de la réglementation internationale du travail. Il a organisé une consultation. Toutefois, la coopération entre le secteur associatif privé et l'ECOSOC a pris des formes si nombreuses qu'elle dépasse aujourd'hui largement le cadre étroit prévu par l'article 71.

En dépit des progrès enregistrés en cinquante ans, le statut international des ONG ne s'est guère amélioré. Quant à leur influence, elle est difficilement quantifiable, mais on ne peut contester que les ONG ont, tout particulièrement dans l'action humanitaire, dans le domaine des droits humains et, d'une manière plus diffuse, dans les questions de développement, apporté une impulsion très forte, parfois déterminante.

Trop souvent, bon nombre d'Etats continuent cependant à traiter les ONG en auxiliaires et non pas en partenaires. Alors que certaines ONG - pas toutes - sont manifestement porteuses de solidarités qui transcendent les rivalités étatiques et posent des jalons pour la construction d'une nouvelle société internationale, les Etats entendent se prémunir contre toute immixtion des ONG auxquelles ils reprochent un manque de crédibilité provoqué par le caractère souvent antagoniste de leurs activités et leur corporatisme.

Aujourd'hui, l'ECOSOC apparaît comme un organe en déclin. Faisant double emploi avec les 2e et 3e commissions de l'Assemblée générale, avec la CNUCED, avec les multiples organes qui s'occupent des questions économiques et sociales, il n'a pas été capable de répondre au besoin de plus en plus pressant de coordination globale des politiques économiques, financières et sociales alors que les acteurs privés amplifiaient de manière exponentielle leur importance. Cette incapacité à se réformer et à s'adapter fut encouragée par l'action des Etats riches qui ne voulaient pas voir l'ONU prendre de l'importance en matière économique et sociale et qui ont préféré renforcer des lieux de concertation extérieurs à l'ONU, voire en créer de nouveaux.

Le déclin de l'ECOSOC n'est que le résultat d'une volonté des pays riches de marginaliser l'ONU dans les domaines prioritaires où se manifeste leur hégémonie. Cette volonté des Etats situe le niveau de responsabilité dans l'échec de la coopération technique multilatérale.

2. La Cour Internationale de Justice (C.I.J.)

La vocation de cet instrument, dont les statuts furent adoptés en 1921, était et reste de contribuer au maintien de la paix et de la sécurité internationale par le droit. C'est, aujourd'hui, une institution que beaucoup d'ouvrages ne citent plus que pour mémoire.

Organe judiciaire principal de l'ONU selon la Charte, la Cour est chargée, en vertu du Chapitre VI, du règlement pacifique des différends susceptibles de rompre la paix.

Les limites imposées à la C.I.J. dévoilent la volonté réelle des auteurs du dispositif mis en place en 1945.

La première limite, d'une portée considérable, est constituée par le fait que la Cour n'est pas une juridiction obligatoire. Elle ne peut fonctionner que de l'assentiment des parties et pourvu que chacune d'elles ait reconnu sa juridiction. On a déjà indiqué le nombre réduit de pays qui reconnaissent la juridiction de la C.I.J. - dont ni la France, ni les Etats-Unis ne font partie - et le peu de dossiers qu'elle a eu à traiter depuis 1945.

Deuxième limite, la capacité limitée dont s'est dotée la communauté internationale de faire appliquer les arrêts de la C.I.J.. L'article 94 de la Charte indique en effet qu'en cas de non application, un recours peut être introduit devant le Conseil de Sécurité - instance politique - qui reste libre d'apprécier l'opportunité de faire respecter l'arrêt. Une décision de justice est ainsi subordonnée à une volonté politique.

Troisième limite, l'attitude du Conseil de Sécurité. En dépit du fait que la responsabilité du Conseil de Sécurité en matière de maintien de la paix n'est pas exclusive, celui-ci se substitue le plus souvent à la Cour en formulant des recommandations de fond. Une seule fois, depuis 1945, le Conseil de Sécurité s'est contenté de recommander le recours à la C.I.J.. Or, plusieurs des grandes questions surgies au cours des dernières années auraient pu être traitées efficacement par la Cour, pourvu que le Conseil de Sécurité l'eut voulu. En s'y refusant, celui-ci a privilégié une application opportuniste du droit en fonction des cas, du moment et des intérêts en jeu.

Au besoin même, le Conseil de Sécurité s'oppose ou tente de s'opposer à la consultation de la C.I.J.. Ainsi, dans l'affaire de l'extradition exigée par les Etats-Unis et la Grande-Bretagne de ressortissants libyens suspectés d'être impliqués dans l'attentat d'un avion de la PanAm (affaire Lockerbie), le Conseil de Sécurité s'est employé à neutraliser toute possibilité d'intervention de la C.I.J.. Il a refusé l'arbitrage du droit.

Quant à la poursuite des actes criminels commis par des individus ou des organisations, en dépit d'un arsenal de textes fort important (les Statuts de Nuremberg et de Tokyo, les Conventions de Genève, la Convention pour la prévention et la répression du crime de génocide, la Convention contre la torture, la Convention sur l'imprescriptibilité des crimes contre l'humanité...), en dépit des textes de droit interne adoptés dans de nombreux pays, on ne peut dire que des progrès substantiels aient été accomplis dans la mise en place d'une justice internationale permanente.

Certains verront dans la création de tribunaux *ad hoc* (ex-Yougoslavie, Rwanda) un progrès, une étape vers la mise en place d'une juridiction criminelle internationale permanente. Certes, il est toujours préférable que, ponctuellement, des crimes soient jugés. Mais la pratique des tribunaux *ad hoc* laisse au seul Conseil de Sécurité le soin de décider quand le droit existant doit être appliqué. Une nouvelle fois, l'opportunité politique prévaut sur le respect des principes. Ainsi est laissé totalement impuni le génocide cambodgien avec les conséquences désastreuses qu'engendre aujourd'hui une telle impunité sur la difficile mise en place d'un Etat de droit voulu cependant par la communauté internationale. La multiplication des tribunaux *ad hoc* n'est que la généralisation au droit criminel international d'une pratique occasionnelle du droit laissant au seul Conseil de Sécurité le soin de décider qui, à ses yeux, mérite d'être poursuivi (des habitants de l'ex-Yougoslavie, des Rwandais, le général Aïdid tantôt poursuivi, tantôt pas) et qui ne le mérite pas (l'armée américaine au Vietnam, au Cambodge et au Laos, Pol Pot, Saddam Hussein, l'armée russe en Tchéchénie, l'armée turque dans le Kurdistan, etc...). Les tribunaux *ad hoc* ne sont que la manifestation d'une volonté inchangée: garder la maîtrise du choix de qui sera puni et qui ne le sera pas, quel Etat doit être sanctionné et quel autre doit être ménagé. C'est une extension de la pratique du droit « à la carte ».

Cette sélectivité dans l'application du droit est accentuée par la dépendance financière dans laquelle se trouvent les tribunaux *ad hoc*. Si l'indépendance des juges ne peut être contestée, la dépendance financière de ces tribunaux est entière dans la mesure où ils ne disposent pas de budgets autonomes et où ils ne gèrent pas eux-mêmes leur budget.

Même si, pour la première fois depuis 1921, les études entamées en vue de la création d'une cour criminelle internationale permanente ont abouti au dépôt, en 1994, d'un projet de statut, il faut craindre de devoir attendre encore de nombreuses années avant que ce statut soit adopté et que les Etats aient délégué une telle compétence à une juridiction internationale indépendante, dont ils respecteront les décisions et s'y conformeront.

D'autant que les Etats misent sur l'ignorance du droit existant pour ne pas l'appliquer. L'étrange complaisance de la Belgique et de la France laissant, pendant un an au moins, séjourner librement sur leur territoire - parfois même en leur accordant certains privilèges - des responsables du génocide rwandais est une des illustrations récentes de cette méconnaissance par les

Etats du droit existant et en particulier des Conventions de Genève. Le refus de constater et de réprimer - quand il ne s'agit pas de complicité active - des ventes d'armes à des pays frappés d'embargo par des résolutions de Conseil de Sécurité en est une autre, quasi permanente celle-ci.

Une nouvelle fois, force est d'observer que les Etats sont les premiers à ne pas mettre leurs intentions proclamées en pratique. Tantôt parce que les gouvernements essayent de satisfaire les attentes de leur opinion publique en concédant une signature sans avoir vraiment l'intention de l'honorer, tantôt parce qu'ils refusent de braver une opinion publique partiellement et partialement informée. Une nouvelle fois, il faut souligner qu'à défaut d'une prise en charge par les peuples eux-mêmes, les Etats sont défaillants quant à la défense des idéaux dont ils se déclarent porteurs. On est loin, très loin, au niveau de la C.I.J., du degré d'autorité dont disposent la Cour de Justice de l'Union Européenne et la Cour Européenne des Droits de l'homme.

Une nouvelle fois, l'espérance la plus forte vient des initiatives volontaires, issues de ce qu'on appelle « la société civile », formule d'ailleurs tout à fait révélatrice du décalage entre les peuples et les gouvernants. Les actions introduites, en France, en faisant appel à des procédures nationales, par l'Association européenne Droit contre raison d'Etat ou par Reporters sans Frontières, s'appuyant sur des résolutions du Conseil de Sécurité, ont mis en lumière la possibilité, par des procédures de droit interne, d'accéder au droit international. Ces actions ouvrent de toutes nouvelles possibilités d'instaurer un état de droit international.

3. Les institutions de Bretton Woods

Organiser le système monétaire international, empêcher la répétition de catastrophes économiques du genre de celles subies entre les deux guerres mondiales, financer la reconstruction et aider les pays victimes de déséquilibres économiques et financiers tels étaient les nobles buts affichés par ceux qui se réunirent en juillet 1944 à Bretton Woods. On créa donc, avant l'ONU - et personne ne verra là le seul fait du hasard - le Fonds Monétaire International et la Banque internationale pour la reconstruction et le développement, plus connue sous le nom de Banque Mondiale.

Le Fonds intervient financièrement auprès des Etats pour mettre fin aux déséquilibres internes et piloter les programmes d'assainissement monétaire et budgétaire. La Banque fournit des analyses et formule des propositions en faveur du développement d'un pays ou de telle ou telle particularité de son économie. Elle finance des études et des projets dans les domaines les plus variés.

Censé assurer la stabilité de l'ordre monétaire, le FMI n'a pu empêcher (si jamais ce fut son intention) les Etats-Unis de faire la loi et en particulier de faire payer leur déficit croissant par le monde entier. De telle sorte qu'aujourd'hui, il faut bien constater, il n'y a plus de système monétaire international.

La société mondiale est piégée par un système économique et financier miné par le refus des Etats-Unis de respecter la moindre règle et perturbé par le maintien du dollar comme monnaie étalon alors que de tous les pays riches, les Etats-Unis sont les plus endettés.

L'Amérique pratique sans vergogne une dévaluation compétitive de fait, c'est-à-dire précisément ce qui a conduit à la catastrophe économique des années trente. Mais les Etats-Unis sont les seuls à disposer d'un droit de veto au FMI...Le pays qui est un des modèles les plus avancés de l'inégalité, où 1% de la population contrôle 40% de la richesse nationale, dicte au monde un système qui entretient le désordre.

Quant à la Banque Mondiale, si les analyses qu'elle publie sont presque toujours remarquables, les propositions qu'elle avance - de véritables programmes se substituant aux choix des Etats - s'inscrivent strictement dans le respect scrupuleux des dogmes libéraux et ne prennent nullement en compte les conséquences sociales, culturelles et écologiques des politiques proposées.

Refusant de concevoir le développement autrement qu'en termes de croissance et de compétition économiques, la Banque Mondiale n'est pas un instrument de coopération et de solidarité. Son action est à l'origine de véritables désastres pour l'emploi, la santé, l'éducation, la vie sociale, l'environnement. Contrairement aux objectifs qui lui étaient assignés à sa fondation, sa logique est celle du banquier. Pendant vingt ans, en vertu de cette logique, elle a consacré, en pure perte, des sommes colossales à des projets élaborés par des doctrinaires du libéralisme ne tenant aucunement compte des réalités locales. Ces projets, toujours marqués par le gigantisme, ont provoqué des catastrophes humaines et écologiques (déplacements de populations, déforestation). Ces projets sont à l'origine de grèves, de révoltes plus ou moins localisées (Mexique), parfois même de guerres civiles (Liberia, Somalie) provoquées par les violations systématiques des droits économiques et sociaux dont ils sont porteurs. Ces réactions ont fourni l'occasion, dans l'indifférence internationale, de violations des droits civils et politiques. Même si elle s'est efforcée de prendre en compte les critiques croissantes suscitées par ces projets, la Banque Mondiale n'a pas modifié sa philosophie et on assiste aujourd'hui à ce paradoxe d'une institution internationale toute puissante qui respecte dévotement les dogmes du néolibréalisme tout en finançant des activités destinées à en atténuer les effets les plus spectaculaires.

Les instruments créés à Bretton Woods ont favorisé la mise en place d'un univers financier mondial échappant à toute forme de contrôle et agissant dans le plus total mépris des besoins des peuples. Ils ont failli parce que le développement n'est pas venu de la croissance et qu'au contraire les inégalités ont progressé à pas de géant. Les vrais maîtres du monde que sont aujourd'hui les opérateurs financiers - en particulier, les grands fonds de pensions privés anglo-saxons et japonais - qui disposent de liquidités gigantesques ne s'investissent pas dans l'activité productive et agissent sans le moindre souci pour les conséquences de leurs opérations.

FMI et Banque Mondiale, désormais renforcés par l'arrivée de l'OMC, veillent à ce que cet ordre des choses se consolide.

4. L'ONU et le développement

En 1945, les auteurs de la Charte des Nations Unies, reconnaissant la prescience de la Constitution de l'OIT lorsqu'elle affirmait, dès 1919, qu'une paix universelle et durable ne peut être fondée que sur la base de la justice sociale, soulignent, à la fois dans le préambule, mais aussi dans les articles 55 à 59, le lien étroit entre paix et développement. A telle enseigne que l'article 55 a et b constitue un véritable ordre de mission, aussi important que le maintien de la paix (article 1), lorsqu'il indique que :

(...) *les Nations Unies favoriseront : a) le relèvement des niveaux de vie, le plein emploi et des conditions de progrès et de développement dans l'ordre économique et social; b) la solution des problèmes internationaux dans les domaines économique, social, de la santé publique et autres problèmes connexes, et la coopération internationale dans les domaines de la culture intellectuelle et de l'éducation*.

Et l'article 57 de créer le principe des fameuses "*institutions spécialisées*": OIT et UNRRA, déjà existantes, auxquelles s'ajouteront la FAO (1945), l'UNESCO (1946), l'OMS (1946), l'UNICEF (1946), l'UNHCR (1951) et d'autres encore. Avec la décolonisation et la mise en place du WFP (1961), de la CNUCED (1964), du PNUD (1965), de l'ONUDI (1967) et du FNUAP (1969), de grandes espérances ont non seulement vu le jour, mais elles ont connu un début de réalisation. On rencontre ici, sans nul doute, les plus grands succès à mettre au crédit du système des Nations Unies.

Les pays d'Afrique, d'Amérique latine et d'Asie ont vu dans les actions des institutions spécialisées un espoir que leur indépendance politique puisse progressivement se compléter d'une indépendance économique et d'un authentique progrès social. L'ONU donnait non seulement une voix à ceux qui avaient été si longtemps muselés, elle leur donnait plus: un avenir. Elle rendait aux peuples leur dignité.

Pendant deux décennies, des progrès sensibles ont été réalisés dans la lutte contre la famine, la maladie et l'ignorance, dans la construction d'équipements collectifs. Des pays jeunes ont commencé à se développer. Le multilatéralisme, bloqué dans la recherche d'une authentique sécurité collective, prenait un nouvel essor dans l'action en faveur du développement. Les institutions spécialisées devenaient des acteurs internationaux décisifs.

A la fin des années soixante-dix, vaille que vaille, la perspective d'un autre monde, plus solidaire, s'esquissait. La conscience d'une victoire possible sur les fatalités grandissait. Le malheur ne semblait plus inévitable.

Ce processus, encore hésitant, entravé par la division du monde en blocs rivaux et par de multiples conflits régionaux, allait cependant provoquer une réaction. Celle des plus puissants. Le signal fut donné par l'offensive anglo-américaine sur l'UNESCO qui tentait de libérer les grands canaux d'information et d'instaurer un ordre mondial de l'information. Celle-ci ne fut que le prélude à une dérive massive de l'ensemble du système institutionnel international et au déclin de l'action multilatérale en faveur du développement.

5. Les dérives

Confronté aux réalités, le dispositif mis en place en 1945 a évolué. Mais cette évolution ne fut pas la conséquence d'une évaluation des résultats au regard des objectifs et encore moins celui d'une volonté de mieux atteindre ces objectifs. Cette évolution résulte d'une volonté: contrarier le processus enclenché pendant les années soixante/soixante-dix susceptible de menacer les privilèges des pays les plus puissants. Cette évolution procède d'une préoccupation prioritaire: soustraire les intérêts économiques dominants à toute forme de contrôle et préserver leurs capacités d'expansion. Cette évolution se traduit en fait par un ensemble de dérives qui portent toutes la même marque: le déclin du politique au profit des intérêts économiques privés.

5.1. le déclin du multilatéralisme: retour au XIXe siècle

Le passage d'un monde bipolaire à un univers multipolaire s'accompagne paradoxalement d'un déclin du multilatéralisme. Alors que celui-ci avait réalisé des progrès considérables au cours des cinq dernières décennies, faisant faire des avancées significatives dans la construction de ce que Mikhaïl Gorbatchev avait joliment appelé "*notre maison commune*", on observe un net recul depuis que le Président Clinton, par sa directive du 5 mai 1994, a signifié au monde que, désormais, l'investissement de son pays dans le multilatéral serait strictement calculé à l'aune des intérêts prioritaires des Etats-Unis.

Rude coup pour ceux qui s'employaient à entretenir la fiction d'une possible sécurité collective ! Mais quel observateur lucide pouvait avoir la naïveté de penser que la superpuissance américaine, toute entière vouée à la protection des intérêts transnationaux privés dont elle est le principal instrument, allait rater l'occasion de la fin de la bipolarité en poussant au multilatéralisme? Quel naïf pouvait croire que les Etats-Unis allaient renoncer à la tentation d'un monde unipolaire ?

Plus que jamais, la politique américaine vise à l'hégémonie. Maintenir la position des Etats-Unis comme superpuissance unique est la volonté de tous les décideurs politiques américains. La fin de la guerre froide a obligé Washington à une nouvelle formulation de cet objectif ancien. Il n'était plus possible d'utiliser le spectre du communisme pour imposer le leadership américain. Il fallait trouver autre chose, à la fois pour une population américaine tentée par le repli sur soi, mais aussi pour des alliés ou des partenaires sur lesquels il faut maintenir une tutelle. Cette nouvelle formulation a été présentée lors d'un discours prononcé par le conseiller pour la sécurité nationale de W. Clinton, Anthony Lake, le 21 septembre 1993, à l'Université John Hopkins de Washington DC. Il ne s'agit pas, pour les Etats-Unis, de se désengager et encore moins de s'isoler. Il s'agit en premier lieu de se présenter, au nom de l'idéal démocratique, comme le gardien intransigeant du dogme du libre-échange afin d'éviter que se constituent des zones économiques où les Etats-Unis ne seraient plus en position dominante. Il s'agit ensuite de continuer à affirmer sa primauté comme superpuissance politique et militaire afin d'empêcher que se reconstituent des blocs rivaux, voire hostiles. Mais cette volonté n'implique pas une adhésion au multilatéralisme.

Lake l'affirme sans ambiguïté: *les Etats-Unis n'engageront leurs troupes que lorsque la sécurité des intérêts américains le justifiera*[1] . Dans cette hypothèse, au nom d'une efficacité dont l'ONU serait incapable - mais quelles furent les performances américaines en Somalie ? - ils refuseront de placer leurs troupes sous commandement étranger. Ce multilatéralisme à la carte assure aux Etats-Unis le maintien de leur leadership.

Il est d'ailleurs fort difficile d'encore parler de multilatéralisme, c'est-à-dire d'une action intégrée de plusieurs acteurs qui se traduit par un résultat supérieur à la simple addition des actions individuelles. Ce que Madeleine Albright, l'ambassadeur US à l'ONU, veut substituer à ce qu'elle appelle avec sarcasme un *ritualistic multilateralism* rappelle à beaucoup d'égards l'attitude de la Grande-Bretagne qui, hier, refusait le Marché commun, mais ne prétendait pas qu'on puisse le construire sans elle et aujourd'hui refuse une Europe fédérale et voudrait empêcher les pays qui le désirent d'avancer dans cette voie. Mais si les Britanniques n'ont plus que l'obstruction comme moyen, les Etats-Unis demeurent la première puissance économique et militaire du monde; une puissance qui, premier fabricant et premier exportateur d'armes (en 1993, 72,6% des armes vendues au Tiers-Monde provenaient des Etats-Unis), exerce, au travers d'alliances, un contrôle politique réel sur des centaines de millions de personnes; une puissance qui constitue l'instrument privilégié des intérêts transnationaux privés. Une puissance qui privilégie ses intérêts et n'entend plus assumer ses responsabilités.

---

[1] LAKE Anthony, *Remarks : From Containment to Enlargement*, Washington DC, 21 septembre 1993 résumé dans LAKE, *The Logic of a US Strategy of Enlargement*, International Herald Tribune, 24 septembre 1993 ; voir aussi DECORNOY Jacques, *La chevauchée américaine pour la direction du monde,* Paris, Le Monde diplomatique, novembre 1993.

Avec le mérite de la franchise, Lake avertit le monde: *un seul facteur décide si les Etats-Unis doivent agir dans le cadre multilatéral ou unilatéralement: l'intérêt de l'Amérique*[1] . Ce qui revient à dire que les Etats-Unis décident seuls. Une telle option, qui devrait faire réfléchir leurs alliés, est lourde de conséquences, car la stabilité du monde ne peut résulter d'une action unilatérale. Lorsque Mikhaïl Gorbatchev, début mai de cette année jubilaire, met en garde les Etats-Unis contre la tentation de monopoliser à leur profit le marché des armements, lorsqu'il estime que l'élargissement de l'OTAN aux pays de l'Europe centrale n'est pas le bon moyen de garantir la sécurité en Europe, il souligne en même temps les risques de réactions d'un pays comme la Russie en présence du renforcement du caractère unipolaire du système international.

Pour la première fois depuis un demi-siècle, le message que les Etats-Unis envoient au monde n'est plus brouillé par la croisade anticommuniste. A la doctrine du *containment* du communisme, ils n'ont pas réussi à substituer celle de l'*enlargment* de la démocratie. Le message qu'ils envoient aujourd'hui traduit leurs vrais mobiles. C'est un message d'égoïsme arrogant, typique d'une vision impériale du monde. En décidant de jauger, au cas par cas, ce qui sert les intérêts américains et, en conséquence, de s'y investir ou pas, l'Amérique ne se désengage pas. Elle sélectionne ce qui mérite son investissement et ce qui n'en est pas digne. Ainsi s'engage-t-elle résolument dans les questions du Proche-Orient où des intérêts vitaux doivent être protégés. Elle ne renonce à rien et surtout pas à la poursuite de coûteux efforts militaires, puisque, comme l'écrit Jacques Decornoy, *tous les moyens seront bons pour tenter d'imposer, pour sa sécurité et la défense de ses intérêts, un ordre ayant pour foi celle dans le destin de l'Amérique et pour loi celle du*

---

[1] LAKE, *op. cit.*

profit [1]. Conséquence de cet interventionnisme à la carte, la nouvelle doctrine militaire américaine est de ne s'engager que là où il est possible d'utiliser sans limite la totalité des capacités d'intervention de telle sorte que les résultats les plus importants puissent être atteints en évitant des pertes humaines américaines.

Manichéens, les Américains, à la recherche d'un nouveau Mal à combattre, ont remplacé le communisme par l'ONU, porteuse selon la majorité parlementaire républicaine issue des dernières élections (1994), d'une "*idéologie hostile aux Etats-Unis*". Ce langage là, lui aussi, a le mérite de la clarté. Les idéaux de la Charte des Nations Unies ne sont plus ceux des Etats-Unis. On ne fera désormais plus semblant de les défendre. Et le Congrès supprime allègrement la contribution financière américaine aux organisations internationales qui échappent à leur contrôle et à leurs manipulations.

Les Etats-Unis ont délibérément tué la chance qu'offrait la fin de la guerre froide pour faire fonctionner un système multilatéral où le droit international se serait imposé à tous et en toutes circonstances, où la paix et le développement, la justice et la solidarité auraient été les objectifs s'imposant massivement dans les relations entre les Etats et les peuples.

Cette option met largement fin aux espoirs que certains avaient placé dans ce qu'on a appelé un peu vite, après 1989, "les dividendes de la paix". La réduction des dépenses militaires est restée jusqu'ici de très faible ampleur: entre 1987 et 1992, 10% dans les pays en développement et 15% dans les pays industrialisés. Selon le PNUD, soulignant que *la militarisation de sociétés entières est devenue un des plus graves sujets d'inquiétude de ce siècle*, il y a encore 30 millions de soldats dans le monde. Les dépenses militaires mondiales sont égales au

---

[1] DECORNOY Jacques, *Désordre mondial et pauvreté des nations*, Paris, Le Monde diplomatique, novembre 1989.

revenu de près de la moitié de la population du globe. Soixante-quinze pour cent du commerce mondial d'armement est orienté vers les pays pauvres dont les dépenses militaires évaluées en 1987 à 125 milliards de US $ absorbent les ressources qui auraient pu servir au développement humain et en particulier à la santé et l'éducation [1] .

Le rejet américain du multilatéralisme n'a été que faiblement dénoncé par les pays européens qui auraient pu infléchir l'attitude américaine, d'abord en s'exprimant comme une entité unie - « Union Européenne » reste une expression vide de sens en politique internationale - et ensuite en se coalisant avec les pays du Sud. Cette option américaine s'inscrivait naturellement dans les références familières dont sont pétris nos diplomates puisqu'elle nous ramène au XIXe siècle, au système, mis progressivement en place à partir du congrès de Vienne de 1815, connu sous le nom de "système des sphères d'influence". Aujourd'hui, tel qu'il se profile, il s'agirait de rechercher un nouvel équilibre basé sur l'assujettissement de sous-continents non plus à des puissances coloniales, mais à l'un ou l'autre membre du club des Cinq. La diplomatie européenne, formée aux concepts les plus traditionnels, était toute prête à entendre le discours impérial américain.

Alors que s'achève un siècle qui a connu les horreurs de la guerre et de la barbarie portées à un niveau jamais atteint, les décideurs politiques occidentaux et leurs conseillers semblent n'en avoir tiré aucune leçon et nous renvoient allègrement cent ans plus tôt dans un système porteur de conflits en tous genres.

Le déclin du multilatéralisme, voulu par les Etats-Unis, accepté par les dociles Européens, représente un formidable recul dans l'édification d'un monde de paix et de solidarité.

---

[1] PNUD, *Rapport mondial sur le développement humain,* 1994, Paris, Economica, 1994.

5.2. La pensée unique planétaire: le tout économique, retour au XIXe siècle

Seuls les incrédules trouveront paradoxale la double évolution d'un multilatéralisme déclinant et d'une globalisation de l'économie libre-échangiste. Le paradoxe n'existe qu'en apparence. Cette double évolution répond à une même volonté: soustraire les acteurs économiques internationaux à toute forme de contrôle et fournir les conditions de l'expansion de leur influence.

Le phénomène majeur qui accompagne l'effondrement de l'empire soviétique, c'est la globalisation du libre échange et, avec la complicité active de cette autre Triade[1] qu'est le trio Etats-Unis-Europe-Japon, la domination du monde par les opérateurs financiers.

Les premiers bénéficiaires de l'effondrement du monde communiste, ce sont les firmes transnationales dont le seul projet politique est l'instauration d'un laisser-faire mondial. Le capitalisme triomphant trouve dans l'internationalisation de l'économie et la multiplication des paradis fiscaux et autres sanctuaires pour capitaux (environ 50% des capitaux en circulation dans le monde transitent par des paradis fiscaux) le moyen de reprendre toutes les concessions qu'il a dû faire dans l'ordre interne depuis plus de cent ans, surtout en Europe, et de se soustraire à toute forme d'encadrement. Ce n'est pas un hasard si le Congrès des Etats-Unis vient de supprimer la contribution américaine (64 millions de dollars) à l'Organisation Internationale du Travail dont les buts - améliorer le sort des salariés - sont une entrave à ceux qui tirent bénéfice de l'exploitation du plus grand nombre.

---

[1] Le mot « triade » désigne un assemblage de trois unités. L'utilisation de ce mot est également une référence à l'organisation criminelle internationale d'origine chinoise: les Triades.

La planète est en train de devenir un espace économique toujours plus ouvert à la conquête des groupes financiers et industriels privés, libres de conduire leurs stratégies de compétition et de domination au prix de dévastations sociales, politiques, écologiques et culturelles irréparables.

Ce monde « arégulé » de la finance et de l'économie conduit à une société mondiale à deux vitesses, où la dualité se retrouve au Nord comme au Sud. Il fournit des espaces nouveaux au crime organisé. Comme l'observe Riccardo Petrella, *la criminalisation de l'économie mondiale est en marche. Le trafic illicite des armes et de la drogue, les formes mafieuses de production, l'évasion fiscale, la comptabilité double ou les caisses noires des entreprises représentent certes des phénomènes anciens. Mais la nouveauté tient à leur rapide diffusion, grâce notamment à la mondialisation des systèmes de production, de transport, d'information, de communication, et à la libéralisation de la sphère financière.*[1]

Jamais comme aujourd'hui n'ont proliféré, en toute liberté, les mécanismes de blanchiment de l'argent du crime parce que ces mécanismes sont aussi ceux du libre-échange global qu'on s'efforce de mettre en place. Jamais comme aujourd'hui on n'a assisté à une telle diminution du sens de l'Etat, à l'exaltation de la réussite financière, à la prétention des patrons d'entreprises à se soustraire à la loi, à l'expansion de pratiques délictueuses impliquant des Etats, des organisations internationales et les milieux d'affaires. Et pourtant, comme l'observe Christian De Brie, *bien que le coût de la criminalité financière soit des centaines de fois plus élevé que celui de tous les autres*

---

[1] PETRELLA Riccardo, *Le retour des conquérants*, Paris, Le Monde diplomatique, mai 1995.

vols, elle ne représente (en France) *que moins de 2% des condamnations judiciaires* [1].

Ce processus n'est pas le résultat d'une évolution inéluctable. Il résulte d'une volonté politique des Etats du Nord, soit totalement contrôlés par de grands intérêts privés (Etats-Unis, Japon), soit de plus en plus instrumentalisés par ces mêmes intérêts (Europe, Russie). Au lieu de protéger, de développer et d'étendre à l'ensemble des peuples les acquis internes de la recherche d'un équilibre entre justice et liberté, résultats péniblement obtenus au prix de luttes sociales innombrables, ces Etats, au travers d'institutions internationales sourdes, voire hostiles aux préoccupations sociales, se font les agents des grands intérêts transnationaux.

Oubliant que *la finalité de l'économie est de se mettre au service de la société et non l'inverse*, oubliant que *l'économie n'est pas une simple machine à produire des objets et doit être un système qui produit du bien-être collectif* [2], les Etats du Nord s'efforcent d'ériger les lois de l'économie en dogmes incontournables.

Comme ces pays sont pour l'essentiel des démocraties qui ont progressivement intégré un droit social dans leur corpus législatif, il faut faire accepter cette dérive néolibérale et le démantèlement d'un modèle basé sur la solidarité. Un discours dominant a été élaboré qui tient en quelques mots: la rationalité économique est autonome. Les facteurs politiques, sociaux et culturels ne peuvent l'affecter et doivent au contraire s'y soumettre. Ce qui revient à dire que les lois de l'économie sont supérieures à celles de la démocratie. Or, l'histoire montre que lorsque les lois de l'économie se donnent libre cours, sans encadrement politique, c'est la loi de la jungle qui l'emporte

---

[1] DE BRIE Christian, *La politique pervertie par les milieux d'affaires*, Paris, Le Monde diplomatique, octobre 1994.

[2] Rapport BARRAUX, *La performance globale, outils et évaluation*, Paris, Commissariat général du Plan, Paris, 1994.

avec l'inévitable enchaînement de l'exploitation, de la misère, de la révolte et de la guerre. La puissance des intérêts privés est telle que la primauté du politique doit être sans cesse défendue. Elle ne l'est plus.

Le discours néolibéral domine. Et avec lui le travestissement de la vérité. Qui accepte en effet de reconnaître que l'émergence de nouveaux pays riches, en Asie du Sud-Est en particulier, est le résultat de stratégies économiques totalement opposées à celles du marché libre et que le seul pays à s'être soumis scrupuleusement aux règles du FMI, ce sont les Philippines, pays qui reste au bas de l'échelle depuis 1980 ? Tous les moyens de communication sont mobilisés pour faire triompher cette croisade idéologique libérale. Un matraquage de tous les instants impose comme dogme nouveau la primauté des lois du marché qui, affirme-t-on, ne peuvent souffrir aucune contrainte. Un Alain Minc, un Guy Sorman et d'autres adeptes de la pensée unique, qui ne cessent de se tromper avec fracas, sont érigés, à grands renforts publicitaires et médiatiques, en gourous des masses invitées à s'incliner devant « la dure fatalité des contraintes économiques, les mérites incomparables du libre-échange et les vérités révélées des experts ».

Or, comme le souligne Bernard Cassen, *la mondialisation des flux de marchandises, de services et de capitaux, la délocalisation des productions, le pouvoir des entreprises géantes dont le centre est à la fois partout et nulle part, en bref toutes les déclinaisons du libre-échange, constituent autant de périls contre la démocratie puisqu'elles soustraient à son regard des facteurs décisifs de la vie des citoyens* [1] .

Ils sont des dizaines de millions dans le Nord et des milliards dans le Sud. Hier, on les appelait les prolétaires, aujourd'hui, les exclus. Ils demeurent, comme

---

[1] CASSEN Bernard, *Vivre sans le GATT*, Paris, Le Monde diplomatique, mai 1993.

l'indique Littré, "*les membres de la classe la plus indigente*". Les mécanismes de redistribution que les forces de solidarité avaient péniblement arrachés dans quelques pays et qu'on appelle aujourd'hui avec mépris "protection sociale" sont en train d'être démantelés avant même d'avoir pu être étendus à tous les hémisphères. Il n'y a plus d'exigence de solidarité. Il n'y a plus de forces pour la revendiquer. Les partis politiques qui avaient la mission historique de la promouvoir livrent sans ferveur de médiocres combats d'arrière-garde. Le discours de la rigueur, de la compétitivité, de la croissance, du profit triomphe partout. Il n'y a plus que le chacun pour soi. L'argent a gagné. Dickens et Zola peuvent reprendre leur plume. Il y a du travail pour eux.

5.2.1. Du Conseil de Sécurité au G7.

Amputé, dès sa création, des compétences économiques et financières, le Conseil de Sécurité se voit de plus en plus dépossédé de ses missions historiques par une structure informelle, sans légitimité aucune, hormis celle de l'argent: le G7.

Ce groupe des sept pays les plus riches du monde (Allemagne, Canada, Etats-Unis, France, Grande-Bretagne, Italie, Japon) institutionnalise la suprématie mondiale de la Triade Etats-Unis/Europe/Japon. Ce directoire ne pouvait longtemps se limiter aux questions économiques et financières

Le témoignage de Jacques Attali et les documents qu'il fournit dans les deux tomes de *Verbatim* le confirment: dès 1983, à l'initiative de Ronald Reagan, le G7 est devenu un instrument politique. Ce processus a atteint son plein aboutissement lors de la réunion de Londres en juillet 1991 dont l'ordre du jour empiétait très largement sur les prérogatives du Conseil de Sécurité.

Chaque réunion du G7 tend à vérifier que les partenaires ne dévient pas d'une ligne générale, celle de pays attachés aux objectifs du libéralisme économique et disposés à créer les conditions politiques de son épanouissement. Le G7 ne prend pas en compte les intérêts de l'humanité. Il protège ceux de la Triade et les présente comme ce qu'il y a de mieux pour la communauté mondiale.

Bien entendu, cette instance n'est soumise à aucun contrôle démocratique.

5.2.2. Du CES aux institutions de Bretton Woods et à l'OMC.

Alors que s'avancent les années soixante-dix, les pays du Sud viennent de connaître plus de dix ans de croissance continue au point de réclamer un "nouvel ordre économique mondial". Ils sont de plus en plus ressentis comme une menace par les Etats-Unis. Le pouvoir économique mondial, en étroite collusion avec les classes dirigeantes locales, décide d'intervenir. Le FMI incite les pays producteurs de matières premières à exporter massivement. Les prix chutent et les pays du Sud sont dans le même temps victimes d'une dégradation profonde des termes de l'échange. Les augmentations successives des prix du pétrole les touchent alors qu'ils rencontrent de grandes difficultés à obtenir des devises. Les pays producteurs n'ont pas d'autres choix que de s'endetter auprès de banques internationales regorgeant de pétrodollars et de perdre ainsi tout le bénéfice des années de croissance passées.

L'arrivée au pouvoir de Ronald Reagan et de Margaret Thatcher va encore aggraver leur situation, car les politiques néolibérales mises en oeuvre provoquent une vague monétariste. Le dollar augmente de 45% entre 1979 et 1984. Les taux d'intérêts s'envolent. Les pays endettés s'effondrent.

Lorsqu'au début des années quatre-vingt, les banques privées refusent d'encore prêter de l'argent aux pays en développement, le FMI et la Banque Mondiale prennent le relais. Ils travaillent dans des missions groupées (alors qu'initialement leurs missions étaient distinctes) et deviennent les ajusteurs structurels des Etats. La croisade idéologique reagano-thatchériste peut commencer. Il faut réduire au strict minimum le rôle des Etats. Alors que le pays qui est le premier débiteur mondial échappe à toutes les contraintes des institutions de Bretton Woods, celles-ci vont imposer aux Etats du Sud des programmes d'assainissement. Ces programmes sont basés sur la priorité donnée au remboursement de la dette et à la restauration de la croissance. Ils imposent une réduction du rôle de l'Etat et se traduisent par un affaiblissement du pays tout entier. Avec le tandem FMI/BM pour faire la police des pays du Sud, le Nord a fait coup double !

Pour payer la dette, les gouvernements des pays du Sud doivent opérer des coupes budgétaires massives qui se traduisent, en l'absence de forces sociales organisées capables de résister, par des milliers de pertes d'emploi, la baisse des salaires, la dégradation brutale des systèmes de santé, de nutrition et d'enseignement, l'ouverture du marché intérieur, l'augmentation du coût des produits de première nécessité, la disparition, progressive ou brutale selon les pays, du système de sécurité sociale. Ils doivent aussi privilégier les activités destinées à l'exportation, ce qui les amène à exploiter au maximum leurs ressources propres avec pour conséquence, dans la plupart des cas, la disparition rapide des forêts tropicales primaires. Quant à la croissance, sans la redistribution sociale (interdite par le FMI), elle n'améliore pas le niveau de vie du plus grand nombre. Elle accroît les inégalités et conforte la dualité. Suite aux réactions de certaines institutions spécialisées de l'ONU, la Banque Mondiale met en place des programmes sociaux destinés à soulager les plus pauvres des conséquences de ses interventions sans changer la nature de celles-ci. Un peu de miel pour mieux avaler la pilule ! Une manière aussi pour la Banque Mondiale de devenir un acteur de première importance dans le domaine des projets sociaux d'accompagnement et de marginaliser progressivement les institutions spécialisées des Nations Unies.

Les politiques d'ajustement structurel ont eu pour effet d'annuler les progrès réalisés pendant les deux premières décennies qui ont suivi la décolonisation. Les gains économiques ont été quasi nuls et les coûts humains extrêmement élevés. Depuis le début des années quatre-vingt, le nombre de pauvres a augmenté de 45% en Amérique latine et de 50% en Afrique. Le 3 octobre 1994, le Tribunal permanent des peuples sur les politiques du FMI et de la Banque Mondiale dressait le véritable bilan de l'action menée par ces deux institutions: "*3000 multinationales concentrent 25% des actifs productifs du monde et les 15 plus importantes ont un revenu brut supérieur à celui de 120 pays. En 1992, 20% de la population contrôlaient 83% des revenus mondiaux, tandis que les 20% les plus pauvres survivaient avec 1,4%. Selon la Banque Mondiale elle-même, 1,4 milliard de personnes vivent avec moins de 1 dollar par jour. En 1960, la différence de revenus entre les 20% des plus riches et les 20% des plus pauvres était de 30 à 1. En 1991, la différence est de 61 à 1. Le nombre de personnes possédant une fortune supérieure à 1 milliard de dollars est passé de 145 en 1987 à 358 en 1994.*"

La paupérisation devient une cause première de la dégradation de l'environnement, car les gens sont condamnés à surexploiter les ressources naturelles. Au Ghana, le pays qui est présenté comme le bon élève de la Banque Mondiale et du FMI, les forêts ont pratiquement disparu et le pays va devoir importer du bois.

Seules les institutions financières tirent profit de ces politiques: entre 1984 et 1990, au titre de la dette, les pays du Sud ont transféré 178 milliards de dollars, soit 1 million et demi de FF (ou 9 millions de FB) chaque minute !

Cette politique très rentable à court terme, typique des prédateurs de la finance, coûte en fait beaucoup aux pays du Nord et en particulier à l'Europe. On a calculé que l'incapacité des pays du Sud à acheter les produits manufacturés dans le Nord se traduit par une perte de 750.000 emplois en Europe. A cette perte, il faut ajouter des phénomènes migratoires de plus en plus importants dont les financiers n'ont cure, mais qui posent des problèmes croissants aux pouvoirs publics. Quant aux dégâts écologiques consécutifs aux contraintes imposées par les politiques d'ajustement structurel et les projets de la Banque Mondiale, les habitants du Nord, à terme, en seront également victimes.

Les différentes agences des Nations Unies, qui oeuvraient à la réduction des inégalités entre les peuples et qui avaient obtenu des résultats significatifs à la fin des années soixante-dix ont été impuissantes à contrer l'offensive des institutions de Bretton Woods soutenues par les Etats-Unis et les autres pays riches. Elles ont vu progressivement leur importance faiblir au profit du tandem FMI-BM. La CNUCED, qui a abandonné la lutte contre la détérioration des termes de l'échange des produits de base, est une organisation bloquée. L'ONUDI calque de plus en plus sa politique sur celle de la Banque Mondiale. Les règlements adoptés par l'OIT sont systématiquement contredits par les programmes d'ajustement structurel du FMI. Les institutions spécialisées du système des Nations Unies s'alignent progressivement sur les intérêts occidentaux. Cet affaiblissement s'est répercuté sur l'ensemble du système des Nations Unies. Il a favorisé le retour à un rôle dominant des grandes puissances et le déclin du multilatéralisme politique. Il a favorisé surtout la mondialisation du libre-échangisme le plus radical.

Or, de l'aveu même de la Banque Mondiale et de l'OCDE, les deux tiers de l'augmentation du revenu global attendue à la suite des derniers accords du GATT iront aux pays de l'OCDE, tandis que les pays africains enregistreront une diminution de leur PIB. Cette dérive est à ce point dramatique qu'elle a incité le Sommet mondial pour le Développement social qui s'est tenu ce printemps à Copenhague à formuler, avec toute la diplomatie des conférences internationales, des engagements visant directement les politiques d'ajustement structurel : *Les institutions compétentes sont instamment invitées à prendre les mesures ci-après:*

a) la Banque Mondiale et le Fonds Monétaire International, les banques et fonds régionaux et sous-régionaux de développement et toutes les autres organisations financières internationales devraient intégrer davantage les objectifs de développement social dans leurs politiques, programmes et opérations, notamment en donnant un rang de priorité plus élevé, s'il y a lieu, aux prêts destinés au secteur social dans leurs programmes de prêt;

b) Les institutions de Bretton Woods et d'autres organismes des Nations Unies devraient collaborer davantage avec les pays intéressés pour étudier avec eux la politique à suivre et trouver des solutions nouvelles pour que les programmes d'ajustement structurel favorisent un développement économique et social soutenu, une attention particulière étant accordée à l'incidence de ces programmes sur les populations pauvres et les groupes vulnérables;

Ces voeux sont d'abord un aveu !

Ces voeux sont formulés alors que vient de se créer l'OMC, instrument de la globalisation de l'économie de marché et du renforcement des relations inégales entre le Nord et le Sud. Si la mondialisation de l'économie de marché ne s'accompagne pas d'une généralisation des clauses sociales et culturelles protégeant les travailleurs des pays du Sud, des clauses relatives au rééquilibrage des échanges Nord-Sud, des clauses écologiques, la mondialisation du libéralisme économique va accélérer les trois grandes dérives déjà perceptibles depuis une dizaine d'années : l'accroissement considérable des inégalités et des exclusions, la négation des spécificités culturelles, la destruction de l'environnement. On l'observe dès à présent, semblable évolution est porteuse de révoltes, de crises identitaires, de catastrophes naturelles. Il serait urgent que l'Occident se rende compte qu'il est en passe de susciter, comme aux temps de la lutte contre le colonialisme, une formidable réaction de rejet.

Cette évolution risque fort de donner une nouvelle justification à la célèbre formule de Sir William Beveridge: *"Le seul remède souverain que le capitalisme ait jamais découvert contre le chômage, c'est la guerre"*, formule qui fait écho aux non moins célèbres propos de Jaurès: *"la société capitaliste porte en elle la guerre comme la nuée porte l'orage"*.

Tant il est vrai que le désir de paix est faible par rapport à la volonté aveugle de protéger et d'accroître les intérêts privés. Lorsque ceux-ci sont en cause, bien davantage que lorsque la morale et le droit sont bafoués, le recours à la force est sans difficulté aucune retenu comme moyen d'action privilégié. Et cette observation qui devrait appartenir davantage au monde du siècle passé qu'à celui qui devait naître de la Charte des Nations Unies est plus que jamais d'actualité.

5.2.3. La coupole: l'OCDE et la Chambre de commerce internationale, instruments des maîtres du monde.

La réalité du pouvoir mondial échappe largement aux Etats. Tant il est vrai que la globalisation implique l'émergence de nouveaux pouvoirs qui transcendent les structures étatiques [1]. Ces propos de B. Boutros-Ghali sont sans appel. Ils sont également sans illusion. Au-dessus des Etats, au-dessus des organisations régionales, au-dessus de l'Organisation des Nations Unies se trouve un pouvoir sans limites, sans contrôle, celui des grands groupes financiers.

Les maîtres du monde disposent de deux instruments particulièrement décisifs: l'OCDE et la Chambre de commerce Internationale. Le premier agit publiquement sur les décideurs et les opinions publiques. La seconde est en quelque sorte le quartier général des opérations secrètes.

L'OCDE, qui regroupe les vingt-cinq pays les plus développés du monde, est connue des médias par ses analyses économiques, beaucoup moins neutres que celles de la Banque Mondiale. En effet, l'OCDE ne se contente pas de photographier les situations. Elle porte une appréciation et fournit des recommandations. C'est non seulement le bureau d'études des pays riches, mais c'est aussi le grand inquisiteur chargé de la protection et de la propagation de la foi libre-échangiste. Porte-parole des opérateurs financiers disposant d'une autorité qu'on n'a pas jusqu'ici contestée, ses jugements sont péremptoires.

La Chambre de commerce internationale est le lieu de rencontre des puissances économiques et financières internationales. C'est là que sont conçues et préparées les actions concertées en vue d'influencer les décisions des gouvernements et des grandes agences des Nations Unies.

Ces deux organes, qui n'ont d'autre légitimité que celle de l'argent, exercent une influence considérable sur le système des Nations Unies. Ils sont à l'origine des évolutions enregistrées au cours des dernières années.

---

[1] BOUTROS-GHALI B., Paris, Le Figaro, 28 janvier 1995.

6. Les droits humains

Lors de la conférence des Nations Unies sur les Droits de l'homme, à Vienne (1993), l'ONU, obéissant aux injonctions de la Chine, en a interdit l'accès à une des plus émouvantes figures de ce siècle: le dalaï-lama. Pendant plus de dix ans, l'ONU a contribué à la réhabilitation morale, politique et juridique des Khmers rouges. Au Cambodge comme dans l'ex-Yougoslavie, l'ONU, alors qu'elle était présente, n'a rien fait pour empêcher des opérations de purification ethnique. S'efforçant d'en atténuer les effets, elle a au contraire amplifié le phénomène. Au Rwanda, elle s'est retirée au moment précis où s'accomplissait le génocide !

Et pourtant, en dépit de la fragilité permanente qui caractérise les progrès de la liberté et de la démocratie, en dépit des innombrables violations des droits humains observables partout dans le monde, en dépit des faiblesses de l'Organisation suite aux pressions des Etats ou à l'inaptitude des personnels déployés, c'est dans le domaine des droits humains que le bilan de l'ONU est incontestablement le plus positif.

Avec le maintien de la paix (article 1) et le développement (article 55a et b), la Charte des Nations Unies, par son article 55c, invite les Nations Unies à remplir une troisième mission en favorisant *le respect universel et effectif des droits de l'homme et des libertés fondamentales pour tous, sans distinction de race, de sexe, de langue ou de religion.*

Nonobstant l'hypocrisie qui empreint la rhétorique des gouvernements lorsqu'ils traitent des droits humains, nonobstant la manipulation dont ces droits sont l'objet par les activistes du libéralisme économique pur et dur au détriment des droits économiques et sociaux, le travail accompli par l'ONU a incontestablement fait progresser la cause du respect de la dignité humaine.

Par les textes dont elle a voulu l'approbation avec patience et détermination, par les mécanismes dont elle a favorisé la création, par les initiatives volontaires qu'elle a encouragées, l'ONU a fait faire des progrès considérables à "*l'idéologie des droits de l'homme*".

La Déclaration universelle des droits de l'homme de 1948, le Pacte sur les droits civils et politiques, son protocole facultatif et le Pacte sur les droits économiques, sociaux et culturels, adoptés en 1966 et entrés en vigueur dix ans plus tard, constituent une charte internationale des droits humains qui n'a pas de précédent dans l'histoire de l'humanité.

Certes, des textes à leur application, il y a un chemin qui, dans bien des cas, reste très long à parcourir. Certes, le danger est permanent de voir des textes impératifs réduits à de simples intentions applicables selon les circonstances. Certes, de nombreux régimes autoritaires - à la différence de ceux qu'ils oppressent - invoquent des spécificités culturelles d'ailleurs sans fondement pour contester le caractère universel de la dignité de la personne humaine. Certes, du fait des Etats, l'impunité des crimes commis reste-t-elle massive. Mais l'existence de ces textes, leur approbation par l'Assemblée générale, leur reconnaissance comme instruments du droit international fournissent une légitimité jamais connue jusqu'ici à l'action démocratique.

Cela étant, la vigilance s'impose et des organisations comme Amnesty International, la Fédération Internationale des Droits de l'Homme et ses associations nationales, Human Rights Watch et bien d'autres, qui ne seront jamais assez nombreuses, ni jamais assez actives, sont plus que jamais nécessaires. Le rapport 1995 d'Amnesty International comme celui de Reporters Sans Frontières devraient convaincre les plus hésitants.

Outre les textes qu'elle a contribué à faire rédiger et à faire adopter, l'ONU a mis en place une série d'institutions: la Commission des droits de l'homme et sa

Sous-Commission des experts , les comités et groupes de travail créés en relation avec certains instruments juridiques et le Centre des droits de l'homme, installés à Genève.

Ces structures fournissent un travail important. On regrettera cependant le poids des interférences gouvernementales qui s'exerce ici comme au sein de l'Organisation au mépris des droits fondamentaux qu'on entend promouvoir. Ainsi, le génocide cambodgien ne fut jamais reconnu en dépit d'un rapport qui concluait dans ce sens. Ainsi des pays convaincus de violations des droits humains siègent-ils dans ces structures. On regrettera aussi que la Commission et la Sous-Commission ne se réunissent qu'une fois par an, ce qui rend difficile, voire impossible de prendre des initiatives lorsqu'il y a urgence.

La médiocrité des moyens consentis au Centre des droits de l'homme atteste de la faible volonté des Etats de contribuer autrement que par des discours au progrès des droits humains. Or, ce Centre, chargé de la mise en oeuvre des instruments internationaux, fournit également une assistance dans les domaines de la légistique et une information sur les instruments internationaux existants. Il mène des programmes spécifiques d'assistance technique, d'enquête, de formation et d'information. Pour la première fois, ceux-ci ont justifié une présence permanente sur le terrain: un Bureau a été installé à Phnom Penh, au Cambodge. Mais les moyens font terriblement défaut. Il y a une incohérence totale entre les voeux et les mandats confiés par les Etats et les moyens qu'ils daignent mettre à disposition.

Après la conférence de Vienne de 1993, qui a réaffirmé l'interdépendance entre droits humains, droits économiques, sociaux, culturels, droits de la femme, droits des minorités, la proposition a été avancée de créer un haut-commissariat aux droits de l'homme afin de coordonner les différentes activités de l'ONU dans ce domaine, et donc de réduire la bureaucratie et les duplications. L'intention était également d'intégrer davantage la dimension droits humains dans les projets du PNUD, de la Banque Mondiale, dans les opérations de paix de l'ONU (voir infra), dans les opérations de l'UNHCR (en particulier lorsqu'elles conduisent à la création de camps de longue durée). S'appuyant sur le Centre des droits de l'homme, ce haut-commissariat, créé en 1994, devrait également multiplier les actions de formation et d'assistance technique auprès des gouvernements appliqués à l'instauration d'un Etat de droit et ainsi oeuvrer à la prévention des violations des droits humains.

En dépit de la création de ce haut-commissariat, le dispositif actuel, au regard des besoins immenses qui restent à satisfaire, reste faible. Les conclusions de la conférence de Copenhague sur le développement social (1995) encouragent son renforcement. Il est urgent de conférer au Haut-Commissaire aux droits de l'homme une autorité accrue, des moyens plus appropriés aux besoins et une plus grande capacité d'intervention. Il n'est pas moins urgent de revoir les méthodes de fonctionnement du Centre des droits de l'homme afin que pèsent beaucoup moins les atavismes bureaucratiques.

7. L'Agenda pour la paix

A l'issue de la réunion du Conseil de Sécurité tenue pour la première fois au niveau des Chefs d'Etat ou de gouvernement, le 31 janvier 1992, le Secrétaire général, B. Boutros-Ghali a été invité à présenter un rapport *sur le moyen de renforcer la capacité de l'Organisation dans les domaines de la diplomatie préventive, du maintien et du rétablissement de la paix et sur la façon d'accroître son efficacité, dans le cadre des dispositions de la Charte*.

Le Secrétaire général a remis ce rapport quelques mois plus tard et formulé ainsi une série de propositions répondant au besoin d'adapter l'Organisation au nouveau contexte né de la fin de la guerre froide. Ces propositions doivent, selon leur auteur, permettre de mieux réaliser les objectifs inscrits dans la Charte.

En rappelant la primauté de la souveraineté des Etats tout en constatant que des phénomènes majeurs de notre temps ignorent les frontières, le rapport présente des propositions selon quatre axes : prévenir les conflits, maintenir la paix, rétablir la paix, consolider la paix

7.1. Prévenir les conflits

Même s'il est à la mode, le thème de la diplomatie préventive n'est pas neuf puisque, dès 1945, la Charte des Nations Unies fournissait, en ses articles 34 et 99, la possibilité d'intervenir lorsque des différends ou des situations pouvant entraîner des différends risquaient de dégénérer en conflits. A partir de l'article 99, Dag Hammarskjöld, le deuxième Secrétaire général (1953-1961), élabora même toute une théorie de l'action préventive du Secrétaire général qui a, comme l'indique Marie-Claude Smouts, *donné au Secrétariat général une dimension nouvelle justifiant toutes ses initiatives personnelles dès lors qu'il s'agissait d'apaiser les conflits naissants ou d'éviter qu'ils ne s'enveniment. Cette construction théorique a influencé de façon déterminante l'évolution de la fonction* [1] .

Toutefois, la volonté politique des Etats et les moyens n'ont pas été à la hauteur des besoins. A telle enseigne que, sensibles à la défaillance des gouvernements, se sont créées des ONG oeuvrant spécifiquement dans le domaine de la prévention des conflits comme, par exemple,

---

[1] SMOUTS Marie-Claude, in COT & PELLET, op. cit. pp.1327 à 1335.

International Alert (Londres). Aujourd'hui, l'idée se généralise de la nécessité de créer des capacités d'analyse et de prévision. Le Secrétaire général a mis en place un département des affaires politiques. Le Parlement Européen soutient la création, au niveau de l'Union Européenne, d'un centre de prévision des crises.

Prévenir le conflit suppose au préalable une volonté qui est rarement présente chez les membres du Conseil de Sécurité lorsque leurs intérêts prioritaires ne sont pas en cause. Cela suppose que ces intérêts particuliers soient limités par l'intérêt général de l'humanité. Car la première action de prévention des conflits est sans aucune discussion possible celle qui réglementerait, qui civiliserait la vie financière et économique internationale. Concrètement, on pourrait suggérer, comme moyen efficace de prévention des conflits, l'insertion obligatoire de clauses sociales et culturelles dans les programmes d'ajustement structurel du couple FMI/BM qui sont, comme on l'a vu dans plusieurs cas, à l'origine de tragédies épouvantables.

L'Agenda pour la Paix a le mérite de rappeler cette fonction prioritaire d'une diplomatie internationale qui entend dépasser la pratique passive de l'entretien mécanique des relations entre les Etats.

Il est proposé de généraliser des mesures visant à renforcer la confiance entre Etats Le Secrétaire général suggère également la création de centres régionaux de réduction des risques. Il plaide en faveur d'une meilleure compréhension des événements et des tendances permettant une meilleure identification des faits et propose de renforcer les mécanismes d'alerte rapide, notamment en associant davantage les organisations régionales.

Il s'agit, on le constate, d'idées assez générales qui ne sont pas accompagnées de propositions concrètes et qui, surtout, reposent sur les mécanismes diplomatiques existants dont on ne sait que trop à quel point ils sont défaillants. En outre, il est manifeste que la capacité prévisionnelle de l'ONU est faible bien que l'Organisation soit présente en de très nombreux endroits du monde. La pertinence de ce que le Secrétaire général appelle de ses voeux est démontrée par chacune des opérations de l'ONU sur le terrain: l'ignorance des réalités politiques, économiques, sociales, culturelles, historiques locales caractérise les responsables onusiens et les décisions qu'ils prennent. Ce fut flagrant au Cambodge et en Somalie. Ce ne l'est pas moins en ex-Yougoslavie.

La prévention d'un conflit implique une maîtrise des réalités locales, en ce compris une bonne connaissance des différents acteurs. Elle implique des efforts qui dépassent le stade des missions diplomatiques et qui contribuent à créer un climat de confiance par l'échange d'informations, la rencontre des acteurs, la construction d'un dialogue, le recours à des médiations acceptées par les parties. De ce point de vue, la C.I.J. pourrait être beaucoup plus souvent consultée et contribuer de la sorte à élaborer une jurisprudence pour la solution de différends.

L'Agenda pour la Paix engage les organisations régionales à jouer un rôle actif dans ce domaine comme dans d'autres. Renforcer les responsabilités de ces organisations est assurément une des pistes majeures pour la mise en place d'un système de sécurité collective crédible et cohérent. Mais des conditions que l'on évoquera plus loin doivent être réunies.

Le Secrétaire général est plus précis quand il évoque le déploiement préventif et l'instauration de zones démilitarisées comme instruments pour la diplomatie préventive. L'exemple de la Macédoine conforte l'idée de déploiement préventif. Encore faut-il que ces instruments ne soient pas confondus avec la solution aux problèmes et compris pour ce qu'ils sont: des mesures conservatoires temporaires. On écarte la mèche du baril de poudre, mais aussi longtemps que le briquet reste allumé, le risque de conflit demeure.

7.2. Maintenir la paix

Comme le rappelle avec une fierté justifiée l'auteur du document, le maintien de la paix est une invention de l'ONU. Certaines furent des échecs retentissants (voir introduction), d'autres figèrent, sans régler les problèmes, une situation qui aurait pu dégénérer, d'autres enfin, malheureusement beaucoup plus rares, furent de réels succès.

L'ONU n'est pas l'unique responsable de ce bilan. Elle dépend de la volonté des Etats. Lorsque le mandat est ambigu, lorsque les fonds, les hommes, les équipements sont mis à disposition avec lenteur, au risque de compromettre toute une opération, lorsque les évaluations de l'opération en cours donnent lieu à des décisions contradictoires du Conseil de Sécurité ou débouchent sur son silence, ce n'est pas la responsabilité de l'ONU.

Les adeptes du dénigrement systématique de l'ONU soulignent fréquemment le coût de ces opérations. Indiquons, sans vouloir justifier des dépenses excessives (surtout au niveau des salaires et des indemnités du personnel civil), que le coût de l'ensemble de toutes les opérations menées en 50 ans ne dépasse pas les 15 milliards et comparons cette dépense pour la paix aux 1.000 milliards consacrés aux dépenses de défense chaque année dans le monde.

Comme le remarque le Secrétaire général, *le contraste entre le coût des opérations de maintien de la paix des Nations Unies et le coût des affrontements qu'elles visent à éviter, entre les demandes faites à l'Organisation et les moyens fournis pour y faire face, serait comique si les conséquences n'étaient pas aussi néfastes pour la stabilité du monde et la crédibilité de l'Organisation* [1] .

Les propositions de l'Agenda pour la Paix visent à rencontrer les problèmes que connaît l'ONU en matière de mobilisation des fonds, du personnel et des moyens logistiques.

7.3. Rétablir la paix

Jamais l'ONU n'a usé des mécanismes prévus au chapitre VII de la Charte pour imposer la paix dans un conflit entre deux Etats. Les actions conduites en Corée et au Koweit furent conduites par les Etats-Unis qui en avaient reçu le mandat, non par les Nations Unies. Seule l'intervention au Congo ex-belge en vue de mettre fin à la sécession katangaise s'apparente à une initiative en vertu du chapitre VII.

On est ici au coeur du mécanisme théorique de la sécurité collective: lorsqu'une situation conflictuelle éclate et que tous les moyens pacifiques prévus au chapitre VI de la Charte ont été épuisés, le recours à une action militaire est possible dans les conditions indiquées au chapitre VII. On a vu dans l'introduction que ce mécanisme de sécurité collective n'a pas fonctionné dans la mesure où il n'a pas été possible de l'utiliser pour des raisons diverses qui tiennent soit à la division du monde en deux blocs, soit à l'absence de volonté politique du Conseil de Sécurité.

Comme le souligne B. Boutros-Ghali, *si des conflits sont restés sans solution (...), la faute en revient d'abord au manque de volonté politique des parties (...) et, ensuite, à l'insuffisance des moyens de pression dont dispose une tierce partie, s'il est décidé d'y recourir.*

---

[1] BOUTROS-GHALI Boutros, *Agenda pour la paix. Diplomatie préventive, rétablissement de la paix et maintien de la paix*, New York, Nations Unies, 1992.

L'indifférence de la communauté internationale à l'égard d'un problème ou la marginalisation dudit problème peuvent aussi compromettre les possibilités de règlement [1].

L'Agenda pour la Paix n'avance guère de propositions neuves pour la mise en oeuvre du chapitre VI. On soulignera toutefois le vibrant plaidoyer auquel on ne peut que souscrire en faveur d'une acceptation par tous les Etats de la juridiction générale de la C.I.J. et d'un recours accru à cette institution. Le Secrétaire général demande lui-même de pouvoir utiliser le droit de consulter la C.I.J., droit réservé aux organes des Nations Unies. Semblable demande souligne sa dépendance à l'égard du Conseil de Sécurité...

S'agissant du chapitre VII, le texte propose en premier lieu de protéger les Etats victimes des sanctions économiques prises à l'encontre d'un autre Etat. Il s'agit d'une question d'équité. Il s'agit aussi d'encourager tous les Etats à se conformer aux décisions prises.

Les propositions les plus novatrices concernent les forces militaires. Le Secrétaire général veut utiliser toutes les possibilités offertes par un article 42 de la Charte qui n'a jamais été activé. Bien plus, il souhaite une mise à disposition permanente de forces soit de maintien de la paix, soit d'imposition de la paix. On verra dans le chapitre suivant la pertinence de ces propositions.

7.4. Consolider la paix

Bien qu'il n'ait pas été invité par le Conseil de Sécurité à traiter de cette question, le Secrétaire général, conscient de la fragilité d'un pays sortant d'un conflit, entend que cette précarité soit limitée dans le temps par des actions destinées à consolider la paix retrouvée. Si *la diplomatie préventive vise à éviter une crise, la*

---

[1] BOUTROS-GHALI Boutros, *op. cit.*

consolidation de la paix après les conflits vise à éviter qu'elle ne se reproduise, écrit-il.

On ne peut que souscrire à la généralisation de ce concept nouveau dont le cas du Cambodge montre toute la pertinence. Comme de plus en plus de conflits s'accompagnent d'une sorte de désintégration de l'Etat et des services publics, la reconstruction ne se limite pas à la réinstallation d'équipements sanitaires, scolaires, etc. Des tâches plus complètes - et souvent plus complexes - s'imposent qui vont du déminage à la mise en place d'institutions démocratiques en passant par la restauration d'un potentiel économique.

L'importance de ce concept de consolidation de la paix appelle un effort de mobilisation et de coordination des institutions du système des Nations Unies. On regrettera que le Secrétaire général soit muet sur la manière de mettre en oeuvre ce concept nouveau.

7.5. Les organisations régionales

Le Secrétaire général appelle de ses voeux une application des dispositions du chapitre VIII de la Charte restées lettres mortes jusqu'ici: le rôle actif des organisations régionales dans le maintien de la paix. Déjà la Société des Nations avait énoncé semblable voeu dans l'article 21 de son pacte fondateur.

S'il n'est pas contestable que l'encadrement du monde par un ensemble d'organisations régionales contribuerait d'une manière décisive à la paix et à la sécurité, ce schéma reste encore très lointain pour être opérationnel.

Une réforme de l'ONU, qui accorderait à ces organisations plus de responsabilités dans l'Organisation, contribuerait sans nul doute à l'évolution des organisations régionales existantes dans cette direction. Mais des questions majeures doivent au préalable être réglées à leur niveau. Les plus importantes tiennent à leur définition :

a) s'agit-il d'organisations regroupant les pays d'une même région (OUA) ou des pays répondant à certaines spécificités (Ligue Arabe) ?

b) s'agit-il d'organisations qui imposent à leurs membres un système déterminé de gouvernement (OEA, Union Européenne) ou non (OUA) ? Dans un cas, elles ne réunissent pas tous les pays de la région, dans l'autre oui;

c) ces organisations régionales souscrivent-elles, dans leur pacte fondateur, à la Charte des Nations Unies (OUA) ou non (Ligue Arabe) ?

d) ces organisations, en vertu du projet qui les réunit, sont-elles aptes à exercer une action impartiale pour prévenir ou mettre fin à un conflit ?

La question majeure qui se pose est de savoir si les organisations régionales existantes seraient en mesure d'agir comme organes décentralisés de l'ONU. Dans une telle hypothèse, elles devraient réunir tous les pays de la région et calquer leurs statuts sur ceux de la Charte. Cela semble impossible. Et le Secrétaire général en est conscient lorsqu'il écrit: *de même qu'aucune région ou aucune situation n'est comparable à une autre, de même la conception d'un projet de coopération et la division du travail à l'intérieur de ce projet doivent être adaptées selon les réalités de chaque cas, dans un esprit de souplesse et de créativité*.

S'appuyant sur quelques succès de coopération entre des organisations régionales et l'ONU, le Secrétaire général propose d'utiliser le potentiel que représente ces organisations pour mettre en oeuvre des actions de diplomatie préventive, de maintien, de rétablissement et de consolidation de la paix. Il s'agit en fait, sous la responsabilité de l'ONU, de déléguer, quand c'est possible, des tâches à ces organisations afin de soulager l'ONU et de renforcer l'attachement de ces organisations aux idéaux de la Charte. M. Boutros-Ghali appelle de ses voeux des consultations entre l'ONU et les organisations régionales sur ces questions.

Le Conseil de Sécurité n'a guère suivi jusqu'ici les recommandations du Secrétaire général. Il n'a pas délégué aux organisations régionales, mais bien à un des Cinq, le soin de mettre de l'ordre dans sa zone d'influence, explicitement (la France, au Rwanda) ou tacitement (la Russie, en Tchéchénie).

7.6. Le financement de l'ONU

Les Etats, soucieux d'éviter que l'ONU ne devienne l'acteur central d'un ordre mondial respectueux des règles convenues, gardent sur l'Organisation un puissant moyen de pression: l'argent. Ce qui ne les empêche pas de lui confier de plus en plus de missions. Ne pas concéder les moyens des politiques que l'on veut seulement faire semblant de décider, telle paraît être l'attitude des Etats du Nord.

L'appel que lance dès lors le Secrétaire général en proposant une série de mesures concrètes pour garantir le financement régulier de l'ONU n'en est que plus pathétique. S'exprimant comme si la communauté internationale était disposée à le suivre, l'auteur reprend à son compte les trois trains de mesures proposés par son prédécesseur: a) des mesures en vue de régler les problèmes de trésorerie imputables au niveau très élevé des contributions non acquittées ainsi qu'à l'insuffisance des réserves; b) la création d'un fonds autorenouvelable pour l'aide humanitaire (qui a été créé); c) la création d'un fonds de dotation des Nations Unies pour la paix destiné à financer les opérations de paix. D'autres propositions sont également avancées.

L'argent est le nerf de la paix. Une nouvelle fois est posée la question de la volonté des Etats. Jusqu'à présent, ils ont fait un choix: consacrer davantage de moyens financiers aux armements qu'à la paix. Aux appels du Secrétaire général afin que les engagements soient respectés et que les Etats s'acquittent des contributions que leur adhésion à l'ONU les oblige à verser, les pays riches ont répondu en affirmant, comme le font à l'envi les Etats-Unis et la Grande-Bretagne que l'ONU est "noyée dans l'excès de papiers et d'employés". Mais aucun de ces deux pays n'a apporté une aide décisive au Secrétaire général dans ses efforts de restructuration de l'administration onusienne. Que du contraire ! On a même vu William Clinton imposer un tout nouveau poste du niveau de sous-secrétaire général pour un citoyen américain chargé de préparer les manifestations du 50e anniversaire ! Qu'un pays comme les Etats-Unis inflige en permanence aux Nations Unies les conséquences d'un retard de paiement de leur cotisation régulière portant sur des centaines de millions de US $ est une insulte aux autres Etats membres et un démenti concret de tous les engagements pris par les représentants de ce pays à la tribune de l'ONU.

S'il faut sans nul doute mettre en place des mécanismes indépendants de contrôle financier de l'administration onusienne, il faut aussi conditionner le plein exercice des droits liés à l'adhésion à l'Organisation, au respect d'un certain nombre de règles dont le paiement des contributions. L'ONU n'est pas une auberge espagnole !

*

* *

On peut considérer que les propositions de l'Agenda pour la Paix sont trop timorées ou incomplètes.

Elles sont sans doute l'une et l'autre au regard d'une espérance qui dépasse ce que les plus optimistes des pragmatiques peuvent considérer comme étant de l'ordre du possible. Elles ont cependant le mérite d'exister, d'avoir été présentées par une des personnes les mieux placées et les plus qualifiées pour le faire et de s'inscrire dans un ensemble cohérent.

Souhaitant que *l'ONU devienne plus que la somme de ses parties*, le Secrétaire général exprimait le voeu que les réformes proposées dans l'Agenda pour la Paix soient achevées pour 1995. Les Etats, et singulièrement les membres permanents du Conseil de Sécurité, ont répondu: trois ans après, les principales réformes proposées ont soit été rejetées par les Etats-Unis (à propos du financement ou de la force permanente), soit renvoyées en commission, ce qui est la formule diplomatique du rejet.

Au début de cette année, le Secrétaire général est revenu sur les propositions de l'Agenda pour la Paix dans un rapport présenté à l'occasion du cinquantième anniversaire de l'ONU [1] . Insistant sur la nécessité pour les Etats membres de prendre les "décisions difficiles" qui s'imposent, le nouveau document actualise les différents thèmes abordés deux ans et demi plus tôt. Il souligne les évolutions les plus marquantes : les conflits actuels, dans leur écrasante majorité, sont des conflits internes; le nombre de réfugiés est passé de 13 millions fin 1987 à 26 millions fin 1994, les forces des Nations Unies sont de plus en plus souvent sollicitées en appui d'opérations humanitaires; un nouveau type d'opération est apparu qui ajoute à un processus de pacification, des tâches civiles de restauration d'un Etat de droit.

---

[1] Supplément à l'Agenda pour la Paix: rapport de situation présenté par le Secrétaire général à l'occasion du cinquantenaire de l'Organisation des Nations Unies, New York, Document des Nations Unies, A/50/60 et S/1995/1, 3 janvier 1995.

Le supplément à l'Agenda pour la Paix approfondit les problématiques de la diplomatie préventive, du maintien de la paix, de la consolidation de la paix, du désarmement - en mettant en avant la nécessité grandissante d'un « microdésarmement » visant en particulier les armes d'assaut automatiques et les mines anti-personnel - des sanctions, de l'action coercitive, des ressources financières, de la coordination entre l'ONU et les organisations régionales, mais aussi les ONG. Et M. Boutros-Ghali de conclure : « *Les caractéristiques nouvelles des conflits exigent de nous perception, adaptation, créativité et courage et elles nous obligent à nous attaquer simultanément aux manifestations immédiates et aux causes profondes du conflit, ces dernières tenant très souvent à l'absence de perspectives économiques et à l'injustice sociale. Avant toute chose peut-être, elles exigent une volonté de coopération et un attachement à un multilatéralisme véritable plus profonds que jamais auparavant. C'est pour cette raison que tout au long de ce rapport, j'insiste sur la nécessité de prendre des décisions difficiles.* »

8. Propositions

La lecture de ce qui précède aura fait comprendre qu'une démarche refondatrice s'impose. La construction universaliste du monde, réunissant tous les Etats dans une égalité factice sous l'égide de principes appliqués facultativement, a montré ses limites.

Cependant, les principales puissances semblent se satisfaire du statu quo au point qu'aucune volonté de réforme ne soit, à ce jour, perceptible. On doit en être conscient, même si on ne peut s'en contenter. L'impasse actuelle fournit la démonstration péremptoire de l'impuissance des gouvernants et des diplomates. Cette impuissance trouve sa source dans un manque de volonté conforté trop souvent par l'indifférence des citoyens et de leurs représentants. Il convient donc que les citoyens formulent des propositions et exercent les pressions appropriées pour qu'elles soient prises en compte par ceux qu'ils contrôlent directement: leurs élus et leurs gouvernements respectifs.

Les récentes campagnes électorales pour les élections présidentielles en France comme pour les élections législatives en Belgique ont toutefois montré, avec un éclat consternant, à quel point triomphe le discours dominant, ce dogme imposé dès l'école depuis des décennies selon lequel les questions internationales sont un domaine réservé du pouvoir exécutif. Même les partis qui comptent parmi leurs sympathisants des gens en prise directe avec des préoccupations de solidarité internationale ont accordé une place dérisoire aux questions de politique étrangère. Quant à la justification des choix ou des non-choix opérés dans un passé récent, silence absolu. Un an après le Rwanda; en pleine reprise de la guerre en Bosnie !

La mesure des efforts à accomplir étant ainsi prise, il n'est pas possible de se résigner. Le choix est fait de tenter, par un ensemble cohérent de propositions, de transformer par touches successives le système actuel plutôt que de proposer un changement aussi brutal qu'impossible. Les propositions avancées ont déjà fait l'objet de nombreuses discussions dans des centres de recherche et des groupes de travail. Certaines ont même reçu l'aval de personnalités exerçant des responsabilités de premier plan dans les relations extérieures de leur pays. Elles pourraient dès lors être portées par des groupements de citoyens et par des élus désireux de les faire partager par les gouvernants. La synthèse présentée ici tient compte d'une contrainte tactique: une réforme de l'ONU n'est envisageable que dans le cadre d'un paquet de modifications acceptables non seulement par les grandes puissances, mais également par la majorité des pays en développement.

Les attentes que doit rencontrer toute réforme sérieuse de l'Organisation des Nations Unies sont la crédibilité, la légitimité et l'efficacité.

Une institution n'est guère crédible lorsque ses membres, faute de mécanismes permettant de vérifier la manière dont ils respectent la charte fondatrice et de sanctionner les défaillances, sont libres de la transgresser à leur guise. Une institution dont le principal organe de décision n'est pas représentatif fragilise la pertinence et la légitimité de ses choix.

L'utopie du parlement mondial des peuples restant vouée au même sort que la tour de Babel, le changement doit s'appuyer sur des réalités émergentes susceptibles de se confirmer. La plus forte étant la structuration lente, mais semble-t-il effective, d'organisations régionales. Même si les solidarités régionales restent parfois très faibles - le peu d'empressement des Africains à contribuer à la MINUAR II en témoigne - un espoir peut raisonnablement être fondé sur semblable évolution, comme l'indiquent les initiatives prises en Amérique Centrale ou autour du Liberia. La représentativité de l'ONU serait renforcée si la réalité émergente des ensembles régionaux était reconnue dans les structures de l'Organisation mondiale. De même, une plus grande visibilité et des responsabilités accrues reconnues à ces ensembles leur permettraient de jouer un rôle plus grand dans la recherche de nouveaux mécanismes de sécurité collective.

Une institution ne peut remplir les missions qu'on lui confie et réunir toutes les conditions de leur réussite sans disposer des moyens de l'efficacité. Ces moyens doivent assurer une autonomie d'action dont l'Organisation, et en particulier le Secrétaire général, doivent pouvoir jouir, une fois prises les décisions par le

Conseil de Sécurité. La condition de l'efficacité, c'est la satisfaction d'un degré d'autonomie.

Ces préoccupations inspirent les propositions suivantes. Elles concernent, pour l'essentiel, l'Organisation des Nations Unies elle-même et non pas les agences et autres institutions du système. Les modalités pratiques de mise en oeuvre relèvent de la négociation :

1) Il n'est plus possible d'imposer des critères d'adhésion aux Etats puisqu'ils sont presque tous membres de l'Organisation. Il est par contre possible de leur imposer la présentation annuelle d'un rapport global - et non plus lié à l'un ou l'autre instrument - sur l'état de mise en oeuvre de l'ensemble des textes qu'ils se sont engagés à appliquer. Les Etats doivent rendre compte publiquement devant l'Organisation de la manière dont ils s'acquittent des obligations de la Charte et des conventions internationales auxquelles ils ont adhéré. Un débat doit pouvoir s'instaurer. L'adhésion des Etats doit être active et responsable. Les manquements, en ce compris le défaut de paiement des contributions financières, devraient être constatés et entraîner des sanctions portant sur la capacité des Etats sanctionnés en qualité de membre de l'Organisation.

2) Afin de disposer d'une représentation internationale et démocratique des peuples, créer une seconde assemblée composée à l'image de ce que fut, au niveau de la Communauté Economique Européenne, l'Assemblée parlementaire consultative de Strasbourg avant 1979. Composée de parlementaires de chaque pays, désignés par leurs pairs à la proportionnelle des courants politiques représentés dans chaque parlement national, cette assemblée parlementaire des Nations Unies exercerait un pouvoir d'avis sur toutes les matières, d'initiative ou à la requête de tout autre instance des Nations Unies. Elle pourrait également interroger toutes les institutions du système des Nations Unies. Afin de rencontrer les difficultés provoquées par la très grande disparité entre pays, le nombre de représentants par pays est déterminé en fonction d'un ensemble pondéré de critères objectifs. Pour être représentés dans cette assemblée, les pays devraient organiser des élections démocratiques régulières. Cette proposition, dans son principe, est fortement soutenue par la "Commission on Global Governance", une ONG réunissant des responsables politiques, des diplomates, des chercheurs, des hommes d'affaires de tous les continents, dont le premier président fut Willy Brandt.

3) Revoir la composition du Conseil de Sécurité. L'approche la plus crédible de la refonte du Conseil de Sécurité prendrait en compte des critères objectifs liant population, superficie, capacité contributive au budget et aux forces armées de l'ONU, représentation obligatoire de toutes les grandes régions du monde (Afrique, Amérique du Nord, Amérique latine, Asie du Nord et du Nord-Est, Asie du Sud et du Sud-Est, Communauté des Etats Indépendants, Europe). En fonction de ces critères, un siège de membre permanent et un siège renouvelable pourraient être conférés à l'un ou l'autre Etat de chacune de ces zones. A ce propos, on pourrait suggérer, à l'heure où l'Union Européenne affirme vouloir progresser dans la voie de l'élaboration de politiques extérieures communes, que les membres de l'Union Européenne mettent en commun contributions humaines, contributions financières et représentation au Conseil de Sécurité. Outre ses effets positifs sur le plan de l'intégration européenne, une telle option aurait le mérite de mettre fin à une sur-représentation de l'Europe encore accentuée si, à la situation actuelle, on se contentait d'ajouter un siège pour l'Allemagne.

4) Encourager le renforcement des organisations régionales (ASEAN, OUA, OEA, UE,...) en leur accordant un siège de membre du Conseil de Sécurité dès lors que certaines conditions quant à leur représentativité, leur fonctionnement et leur adhésion à la Charte sont réunies.

5) Pondérer le droit de veto. Instrument de paralysie, le droit de veto ne peut être maintenu *ne varietur*. Le supprimer risque de provoquer la répétition de l'expérience de la SDN qui a vu les grandes puissances ne pas respecter ses décisions lorsqu'une majorité les éliminait de ces décisions. On peut toutefois pondérer son usage. La Mongolie et Singapour ont fait une proposition qui mérite d'être étudiée: limiter l'exercice du droit de veto en exigeant qu'il ne puisse être utilisé qu'à la condition que deux au moins des membres permanents aient l'intention d'en faire usage. Dans un Conseil réformé et représentatif tel que proposé, ce nombre pourrait être porté à trois. La "Commission on Global Governance" propose que le droit de veto ne soit effectif que lorsque deux régions du monde s'opposent à un projet. Une autre forme de pondération du droit de veto serait de le limiter à des sujets particuliers, comme par exemple les résolutions mettant en oeuvre le recours à la force (chapitre VII).

6) Mettre fin à la séparation entre la compétence économique et financière des institutions de Bretton Woods (et de l'OMC) et la compétence politique du Conseil de Sécurité. Le maintien de la paix implique une cohérence qui s'applique en même temps dans l'ordre politique et dans la sphère économico-financière. En conséquence, il faut réformer l'ensemble du système de Bretton Woods. Il faut intégrer dans l'organisation mondiale les questions fondamentales dont l'ONU est jusqu'ici exclue comme la monnaie, le crédit, les investissements et le commerce international. Il est indispensable d'octroyer à un Conseil de Sécurité réformé (dans le sens indiqué ci-dessus) des compétences réglementaires et de contrôle dans les domaines économiques et financiers, sur une réglementation des marchés financiers internationaux, sur le démantèlement des paradis fiscaux, sur l'instauration de mécanismes de contrôle et de taxation des mouvements de capitaux, sur la levée du secret bancaire, sur la création de mécanismes permettant le contrôle démocratique des institutions internationales agissant dans le domaine économique et financier.

7) Réunir, au moins quatre fois par an, le Conseil de Sécurité au niveau ministériel, ces réunions étant précédées et suivies de débats au sein de l'Assemblée parlementaire des Nations Unies.

8) Accroître le contrôle des actes du Conseil de Sécurité : contrôle politique par l'Assemblée générale qui devrait pouvoir débattre tous les trimestres des travaux du Conseil; contrôle de légalité par la C.I.J. qui devrait pouvoir formuler des avis a priori et, le cas échéant, des arrêts a posteriori.

9) Doter la C.I.J. du pouvoir de contrôler la légalité des actes de l'ONU et de les annuler. Créer, au sein de la C.I.J., une Cour pénale permanente dotée d'une très large compétence lui permettant non seulement de réprimer le crime de génocide, mais le crime contre l'humanité et toutes les atteintes aux droits humains et à l'ordre public international, en ce compris les trafics d'êtres humains, de drogues, d'armes, les abus de pouvoir économique, etc... L'exécution des décisions de la C.I.J. serait confiée au Conseil de Sécurité.

10) Tout en maintenant le système des contributions (dont les retards de versement devraient être pénalisés), doter l'ONU d'une autonomie financière (les propositions de l'Agenda pour la Paix) et de ressources directes propres: par exemple, percevoir une taxe sur les voyages aériens internationaux ou encore, comme proposé par le PNUD, une taxe sur les transferts internationaux de capitaux.

11) Systématiser l'inscription de clauses relatives à la sanction du non-respect des dispositions dans tous les textes (résolutions du Conseil de Sécurité et de l'Assemblée générale, pactes, conventions et traités), en ce compris dans ceux qui formalisent des accords de paix et ceux qui définissent le mandat d'une mission de l'ONU.

12) Dans les conventions multilatérales comme dans les accords bilatéraux, introduire systématiquement des clauses qui protègent les plus faibles et neutralisent les effets pervers des rapports commerciaux et financiers: clauses sociales, clauses culturelles, clauses écologiques, clauses économiques privilégiant le développement durable, clauses politiques protégeant les droits fondamentaux de la personne. Il s'agit de démanteler l'ensemble des traités inégaux par lesquels une minorité de pays riches poursuit l'exploitation de l'immense majorité des peuples de la planète. Il s'agit de mettre fin aux mécanismes qui renforcent les inégalités Nord-Sud, d'établir des normes internationales de droit dans les échanges et d'en soumettre le respect à des juridictions indépendantes.

13) Etablir un système monétaire international qui, mettant fin aux privilèges accordés arbitrairement à une devise et se protégeant contre la spéculation, assurerait la stabilité et la sécurité des transactions internationales.

14) Restructurer les organes, fonds, agences, commissions des Nations Unies par fusion des structures existantes en ensembles intégrés et cohérents et par déconcentration et décentralisation vers les grandes régions. Veiller à ce que, dans le système existant , soit prise en compte la protection du patrimoine spatial et terrestre de l'humanité. Doter le

Haut-Commissariat aux droits de l'homme des moyens d'assurer une réelle coordination des structures onusiennes actives dans ce secteur et de capacités d'intervention dans le cadre des opérations sur le terrain.

15) Dépasser le stade consultatif et systématiser le partenariat avec les acteurs de la société civile au sein du système des Nations Unies en évitant les critères susceptibles d'instrumentaliser les ONG. Les mécanismes de participation de la société civile internationale ne peuvent contraindre à l'abandon d'une capacité critique des ONG.

II. LES OPERATIONS DE PAIX

1. La volonté de paix

L'objectif des opérations de paix menées jusqu'ici fut soit de s'interposer entre des belligérants après un conflit et dans l'attente d'un accord de paix, soit d'aider les parties à mettre en oeuvre un accord de paix.

Dans le premier cas, la présence de l'ONU a parfois évité que le conflit ne reprenne. Mais lorsque la volonté d'une des parties au conflit était de reprendre les combats, l'ONU n'a pu que se retirer.

Dans le second cas, l'ONU n'a pu mener à bien sa mission que lorsque toutes les parties ont respecté les engagements qu'elles avaient signés. Lorsqu'une des parties s'est montrée défaillante, soit la mission a complètement échoué, soit les objectifs principaux n'ont été que partiellement atteints.

L'opinion publique internationale comprend mal et les populations victimes d'un conflit ne comprennent pas du tout que les soldats de l'ONU n'imposent pas la paix là où ils sont déployés et soient soumis aux humeurs des factions en présence, de surcroît lorsque la légitimité de celles-ci est douteuse. Les soldats de la paix deviennent alors - au sens figuré, mais souvent aussi au sens propre (Cambodge, Bosnie) - des otages de ceux qui ne veulent pas la paix. C'est toute la philosophie à la base des opérations de paix qui est en question.

L'ONU ne dicte pas la paix. Elle essaie, sur la base des possibilités que lui offre le chapitre VI de la Charte, de maintenir une paix acquise ou de la rétablir avec le consentement des parties. Elle fait la paix avec ceux qui le veulent. Elle ne l'impose pas. Elle s'offre ou elle répond à la demande d'aider les parties en présence qui ont décidé de faire la paix à réaliser cet objectif.

Elle le fait, en particulier dans les cas où il s'agit de mettre fin à une guerre civile, en proposant un certain nombre de « recettes » qui, selon l'ONU, doivent créer les conditions de la paix : un cessez-le-feu suivi d'un désarmement, le multipartisme suivi d'élections et l'instauration de l'économie de marché. Lorsqu'il s'agit de mettre fin à un conflit entre deux ou plusieurs Etats, elle le fait en combinant interposition, action humanitaire et bons offices diplomatiques.

En dépit des moyens dont elle dispose en vertu de l'article 42 du chapitre VII de la Charte, l'ONU n'impose pas la paix et la sécurité internationale parce que jusqu'ici le Conseil de Sécurité ne l'a pas voulu.

La question qui se pose est en fait: que fait-on lorsque les intérêts en cause ne sont pas assez importants pour qu'une puissance (un membre du club des Cinq) se charge, seul ou le plus souvent à la tête d'une coalition, d'imposer une solution au conflit avec (Corée, Koweit) ou sans (la Russie dans le Caucase) le feu vert du Conseil de Sécurité?

La réponse a été jusqu'ici, lorsque la pression de l'opinion publique interdisait l'indifférence absolue des gouvernements - ce qui n'est pas toujours le cas et il est des tragédies en cours qui n'émeuvent personne (Sud Soudan, Liberia,...) -, de faire appel à différents moyens de pression prévus par la Charte dont le plus utilisé est la technique de l'embargo.

L'embargo est une des techniques les plus perverses inventées par les diplomates. C'est d'abord, par la facilité à le décider, une technique discrétionnaire. En vertu des coalitions d'intérêts, elle est tantôt utilisée, tantôt pas. Certains pays peuvent intervenir militairement dans un pays tiers et ne sont pas sanctionnés, d'autres se voient imposer un embargo.

C'est ensuite une technique inefficace, parce que:

1) plus le pays visé apparaît comme victime d'une ONU contrôlée par les pays riches, plus les dirigeants de ce pays que l'on cherche à contraindre obtiennent le soutien populaire. C'est ce que les Etats-Unis n'ont pas encore compris après 35 ans d'un embargo destiné à provoquer la chute de Fidel Castro;
2) l'embargo ne change pas la détermination du gouvernement visé, il la renforce. Aucun des embargos décrétés depuis cinquante ans n'a réussi à faire céder un gouvernement. Lorsque ce gouvernement a changé d'attitude, c'est toujours suite à d'autres facteurs plus décisifs que l'embargo.

C'est enfin une technique lâche et immorale. Lâche parce que les vraies victimes sont toujours des populations qui n'ont pas prise sur un gouvernement qu'elles ne contrôlent pas. Sans jamais atteindre l'objectif poursuivi, l'embargo inflige aux populations impuissantes des souffrances immenses qui, de plus, affectent durablement l'avenir du pays. Lâche parce que le recours à l'embargo est la solution de facilité de membres du Conseil de Sécurité qui ne veulent pas vraiment prendre leurs responsabilités et qui refusent de s'en remettre à un arbitrage international impartial (la C.I.J.) et/ou d'imposer, par l'usage du chapitre VII, une solution au conflit. Immorale, parce que, presque toujours, c'est la victime qui est sanctionnée et que le devoir, la raison d'être, la justification de l'ONU, c'est la protection des plus faibles et des sans-voix. Immorale parce que, trop souvent, c'est l'agressé qui est puni, le Conseil de Sécurité préférant presque toujours (Cambodge, Rwanda, ex-Yougoslavie) renvoyer dos-à-dos l'oppresseur et l'opprimé.

Comme l'écrit Tahar Ben Jelloun, *l'ONU devra tôt ou tard réexaminer ses méthodes et inventer un nouveau langage des nations. Il lui faut beaucoup d'imagination et de pertinence. Il faut qu'elle montre la même fermeté à l'égard de tous les Etats, qu'ils soient puissants ou faibles. Il faut qu'elle connaisse un peu mieux les peuples qu'elle est chargée de protéger et d'aider à s'installer dans la paix. Pour le moment, l'embargo est un gros bâton qui ne fait mal qu'à ceux qui ne méritent pas de recevoir encore des coups*[1] .

Une autre réponse destinée à apaiser l'émotion des opinions publiques (lorsque les médias ont fait leur devoir), c'est l'action humanitaire. Celle-ci a fait depuis longtemps l'objet d'une réglementation internationale très précise et très exigeante à l'égard des Etats: les quatre Conventions de Genève de 1949 et les deux Protocoles de 1977. Trop exigeante, puisque, de plus en plus souvent, les Etats font semblant d'oublier les obligations contractées et trouvent des substituts beaucoup plus ambigus dont le dernier en date, très médiatisé, s'appelle "droit d'ingérence humanitaire". Le traitement humanitaire d'un conflit est devenu le premier indice du refus de la communauté internationale de traiter le conflit au fond. L'humanitaire tient lieu de politique pour dissimuler l'absence de politique.

On engage de la sorte l'action humanitaire dans un processus d'instrumentalisation qui évacue totalement les causes, les responsabilités et les circonstances politiques d'un conflit. L'humanitaire est devenu soit le moyen d'occulter l'intervention d'Etats particulièrement désireux de s'impliquer dans un conflit (opération Turquoise au Rwanda), soit la roue de secours d'une communauté internationale incapable d'imposer une solution à un conflit (ex-Yougoslavie). On fait de l'humanitaire - et il faut en faire, mais pas exclusivement - et on ne règle pas les problèmes quant au fond. Il s'ensuit, comme le souligne Olivier Paye, que "*le traitement des*

---

[1] TAHAR Ben Jelloun, *ONU. Embargo pervers*, Le Monde, 25 novembre 1993.

conflits par l'approche humanitaire crée une intolérable contradiction entre humanitaire et justice" [1].

Pour tenter de justifier les médiocres résultats de la plupart des opérations de paix qui n'ont pas amené la paix, certains se sont efforcés d'opposer les deux concepts: maintenir la paix (peacekeeping) ou imposer la paix (peacemaking) en soulignant très fortement les différences qui séparent les deux approches et en érigeant un mur quasi infranchissable entre les dispositions du chapitre VI et celles du chapitre VII de la Charte. Les mauvais avocats de l'ONU ont voulu créer une sorte de dilemme qui expliquerait l'impuissance de l'Organisation. Ce dilemme n'existe que lorsque les hésitations, la partialité, les temporisations, les impuissances, les demi-mesures ont à ce point compliqué la solution d'un conflit que la souplesse d'utilisation de la Charte s'en trouve complètement affectée. C'est le cas, aujourd'hui, en Bosnie. Mais pour l'essentiel, à l'aube d'un conflit, ce qui est présenté comme un choix cornélien par certains n'est qu'un faux dilemme.

Une lecture attentive des chapitres VI et VII de la Charte et des travaux préparatoires détruit immédiatement l'idée d'une opposition entre ces deux chapitres. La Charte propose dans un ordre logique et cohérent, selon une gradation qui épouse la gravité des cas envisagés, des moyens d'action qui, dans leur succession, supplée les défaillances des initiatives antérieures. Dans sa souplesse, le texte laisse au Conseil de Sécurité la possibilité de combiner des dispositions de l'un ou l'autre Chapitre pour atteindre l'objectif.

Dans le concret des situations telles qu'elles se sont présentées, le dilemme ne s'est pas trouvé au niveau d'un choix entre des formules. Le dilemme s'est situé au niveau soit de la volonté politique, soit de la capacité d'exécution, soit des deux à la fois.

---

[1] PAYE Olivier, conférence donnée à Bruxelles le 11 mai 1995.

La volonté politique du Conseil de Sécurité est faible lorsque la situation examinée ne met pas en cause les intérêts majeurs d'un des Cinq membres permanents. Lorsque c'est le cas, les solutions apportées sont davantage le fruit de compromis que l'application des principes. Ces compromis sont souvent à la base d'un mandat ambigu, extrêmement complexe à mettre en oeuvre. Une volonté politique pervertie se décharge de la solution du problème sur l'exécutant qu'est l'ONU. Lorsque ce n'est pas le cas, la solution est laissée à l'ONU. Mais celle-ci est doublement limitée dans sa capacité à résoudre le conflit: on ne lui permettra pas de sortir d'un cadre conceptuel qui pourrait créer un précédent dont les Cinq auraient éventuellement à supporter un jour les conséquences - à cette fin, le Conseil de Sécurité limitera parfois la mission à une action humanitaire - et on lui allouera chichement les moyens financiers, humains et techniques.

Dans l'hypothèse où la volonté politique s'est clairement manifestée, l'ONU offre-t-elle aujourd'hui une réelle capacité à réussir des opérations de paix ? La réponse ne peut être immédiate. Elle est soumise à un certain nombre de conditions qui sont trop souvent occultées par le faux dilemme peacekeeping/peacemaking.

2. La capacité pacificatrice

Réussir une opération de paix exige la satisfaction de conditions qui se présentent avant, pendant et après l'opération. Trop souvent, les acteurs politiques et militaires considèrent une mission de l'ONU comme une fin en soi, comme une action à mener, une fois ici, une fois là, en vertu d'un mode d'emploi rédigé à New York et indifféremment applicable ici ou là, dans un détachement total pour les contingences locales. Cette approche de l'intervention de l'ONU est pour beaucoup dans l'explication de ses résultats relatifs.

2.1. Avant l'opération

La nécessité de lancer une opération de paix signifie qu'un conflit a eu lieu parce que la Conseil de Sécurité n'a pas voulu l'empêcher, parce qu'il est resté indifférent ou parce qu'il n'a pas réussi à l'empêcher. Ce contexte est décisif. Le défaut de diplomatie préventive ou au contraire l'échec de celle-ci sont des éléments à prendre en considération lorsque se prépare une opération de paix.

Une authentique volonté de paix passe par le souci d'éviter les conflits en mettant en oeuvre une forte capacité de détection et d'identification des sources de conflits potentiels et une action volontaire de diplomatie préventive. Cela suppose des moyens qui ne sont pas réunis à ce jour.

La préparation d'une mission de paix, avant même que les termes de l'accord politique qui la justifie soient arrêtés, réclame une information extrêmement poussée sur le pays, son histoire, ses traditions, les leaders, leur personnalité. Attendre l'arrivée sur le terrain pour découvrir ces réalités incontournables, c'est entamer la mission avec un taux élevé de risque d'échec. Ce fut le cas dans la majorité de toutes les opérations engagées après la fin de la guerre froide.

La maîtrise des réalités locales présentes et passées est indispensable à la fois pour une préparation adéquate de la mission, mais, en premier lieu, pour une rédaction appropriée du mandat.

Le succès ou l'échec de la mission de l'ONU va dépendre des dispositions reprises dans l'accord qui met fin au conflit. Le contenu de cet accord est décisif pour la réalisation des objectifs qu'il prétend atteindre. On peut, des expériences passées, tirer quelques conditions pour multiplier les chances de réussite dans l'avenir [1] :

* cet accord et le mandat qui s'en suit doivent s'appuyer sur une connaissance approfondie des réalités non seulement du conflit, mais aussi du pays, de ses habitants, de ses dirigeants, de ses coutumes. La première explication des retards importants qui ont marqué le déploiement de l'APRONUC au Cambodge - et donc des erreurs de calendrier inscrites dans le mandat - fut l'ignorance du degré de destruction du pays et de ses ressources humaines. Une autre fut l'ignorance de la faible valeur d'un engagement écrit dans la tradition cambodgienne. L'information est un élément décisif pour que le mandat soit applicable;

* cet accord doit fournir une définition claire du mandat de l'opération des Nations Unies. Les ambiguïtés et les imprécisions du langage diplomatique facilitent sans doute la recherche de règlements, mais elles compliquent singulièrement la mise en oeuvre d'une opération sur le terrain. Le mandat d'une mission des Nations Unies ne devrait pas laisser de place à l'équivoque, ni à des interprétations contradictoires. Les objectifs, les rôles et les tâches des « soldats de la paix » doivent être clairement définis;

* cet accord ne peut créer d'oppositions factices entre deux types de missions très différentes : maintenir une paix née d'un accord ou imposer cette paix. Le commandant en

---

1 JENNAR Raoul Marc, *UNTAC: International Triumph in Cambodia ?* in Security Dialogue, Oslo, International Peace Research Institute, June 1994 ; *L'ONU au Cambodge: les leçons de l'APRONUC* in Etudes Internationales, Québec, Institut Québécois des Hautes Etudes Internationales, Université Laval, juin 1995 & SMOUTS M.C.(dir) *L'ONU et la guerre. La diplomatie en kaki*, Paris, Complexe, 1994

chef des troupes de l'APRONUC, le Général Sanderson, expliquait l'échec du processus de démilitarisation par le fait que sa mission n'était pas d'imposer les accords de paix, mais de faciliter leur mise en oeuvre par des parties consentantes. Dans le même temps, la composante « Administration civile » de l'APRONUC chargée du contrôle et de la supervision des structures administratives existantes tentait de surmonter les difficultés nées du manque grandissant de collaboration de la part des autorités en place en organisant de véritables opérations de commandos qui relevaient sans aucun doute possible d'une mission d'imposition des accords. Il est impératif que le mandat indique quel est le niveau de l'obligation de résultat;

* cet accord doit prendre en considération le refus possible d'une des parties au conflit d'appliquer tout ou partie de ce à quoi elle s'est engagée. Le mandat des missions de l'ONU est presque toujours silencieux à cet égard et ce silence explique beaucoup d'échecs. L'évaluation de la situation est alors laissée à la discrétion du Conseil de Sécurité, ce qui signifie en fait qu'elle est soumise à l'arbitraire des opportunités politiques du moment. Par contre, et c'est un exemple dont on devrait s'inspirer plus souvent puisque cette mission fut une réussite, le mandat de la mission envoyée en Namibie était lui beaucoup plus précis: il comportait tout d'abord un phasage très détaillé de chaque étape du processus de paix et ensuite, élément décisif, une obligation faite au Représentant spécial du Secrétaire général en charge de l'opération de vérifier à chaque étape que les objectifs avaient été atteints avant de pouvoir passer à l'étape suivante[1]. Une telle obligation constitue un élément important parce qu'elle contribue à

---

[1] Résolution 435 du 29 septembre 1978 qui crée le Groupe d'assistance des Nations Unies pour la période de transition, GANUPT, nouvel instrument dans l'arsenal des Nations Unies.

créer une vraie confiance entre les parties. Elle peut également constituer un facteur de dissuasion pour une des parties au conflit qui serait tentée de renier ses engagements. Elle identifie immédiatement la partie qui fait défection;

* retenir l'hypothèse d'une défaillance d'une des parties à l'accord fondateur de la mission serait mettre fin à cette conséquence perverse du refus des diplomates d'étendre aux relations internationales les principes fondamentaux du droit. Une règle édictée doit être, dans les instruments internationaux comme c'est le cas en droit interne, assortie des sanctions prévues dans l'hypothèse de son non-respect. L'accord et le mandat doivent prévoir la marche à suivre par les responsables de la mission en cas de défaillance d'une des parties: l'interruption de la mission et le retour à d'éventuelles négociations ou l'application de mesures contraignantes;

* cet accord doit éviter de créer dans le processus qu'il initie des contradictions qui peuvent mettre en péril sa réalisation. Etait-il possible, au Cambodge, de faire fonctionner une structure de réconciliation - le Conseil National Suprême incluant les quatre factions jusque là combattantes - et, dans le même temps, d'organiser une compétition électorale entre ces mêmes factions ?

* cet accord doit prévoir un calendrier réaliste pour sa mise en oeuvre. Les apôtres habituels de la *Realpolitik* manquent très souvent de réalisme en prévoyant des calendriers trop serrés, obligeant à conduire dans le même temps des actions contradictoires. On ne pacifie pas dans la bousculade. Si l'ONU veut vraiment aider des adversaires d'hier à devenir des partenaires demain, ce travail de réconciliation ne s'improvise pas plus qu'il ne se décrète. Le facteur temps doit être mesuré en premier lieu à l'aune de l'objectif à atteindre. Trop souvent limitée dans

le temps parce que limitée dans les moyens, l'ONU, en fixant le terme de son action, incite les moins décidés à la paix à tout mettre en oeuvre pour gagner du temps. Ce fut manifeste au Cambodge et en Somalie. Ce facteur temps est d'autant plus décisif que l'ONU propose très souvent, comme moyen d'un retour à la paix, l'instauration du multipartisme et la relance d'une économie de marché. Le multipartisme suppose un degré satisfaisant de stabilité politique, laquelle est également nécessaire pour attirer les investisseurs susceptibles de provoquer une relance économique. Or, bien souvent, l'ONU organise dans des délais relativement courts des élections et impose un passage brutal au libre-échangisme le plus radical. Et puis, elle s'en va. Une durée suffisante pour réaliser les objectifs, déterminée en fonction des réalités locales et non pas des recommandations d'experts en chambre, c'est le prix de la paix;

* cet accord doit retenir les leçons des missions précédentes. Chaque mission fournit une collection complète de rapports dont certains sont très riches en leçons à retenir. Malheureusement, elles sont trop rarement retenues. La routine administrative onusienne est plus forte que les leçons de l'expérience. Les erreurs techniques commises et observées dans le passé sont répétées.

2.2. Pendant l'opération

a. Le calendrier

Après un accord, après un compromis, après un effort de rapprochement entre des parties en conflit, le meilleur moment pour mettre en oeuvre cet accord est celui qui suit immédiatement sa signature, quand la bonne volonté des parties est optimale. Une des premières conditions de la réussite d'une mission sera donc son déploiement rapide, ce qui ne se fait presque jamais. La mission au Cambodge fournit un exemple parmi d'autres: le commandant en chef des forces de l'APRONUC a été nommé deux mois après la signature des Accords de Paris; le plus haut responsable de l'opération, le Représentant Spécial du Secrétaire général de l'ONU, M. Yashusi Akashi, a été nommé 3 mois après ; les directeurs des six composantes de l'APRONUC ont été nommés 5 mois après. Il a fallu 5 mois pour commencer le déploiement des forces de l'APRONUC qui n'ont été pleinement opérationnelles que 9 mois après la signature des Accords, soit un mois après la date prévue pour le début des opérations de démilitarisation. La composante « Administration civile » n'est devenue opérationnelle que 11 mois après la signature des Accords !

De tels retards sont décisifs dans le cours des événements. Ils affectent la crédibilité de l'ONU auprès de la population en général, mais surtout chez les belligérants. Ils laissent à ceux qui ont concédé leur ralliement à la paix avec beaucoup de réserves mentales le temps de reprendre leur liberté par rapport aux engagements signés.

Un des plus remarquables rapports de fin de mission rédigé par un des responsables de l'APRONUC, M. Jamel Ben Yahmed, Coordinateur de l'Administration Civile, confirme cette analyse : « *The introduction of control depended on time-consuming recruitment. In addition, many staff were unfamiliar with the control function. Civil Administration therefore made a slow start and only reached full operational capacity months after the first arrivals. This delay did not allow it to implement a strong control over the existing administrative structures at a time when the four Cambodian parties were open to the idea. It gave the faction which later refused to cooperate in the peace process time to brood on its commitments, and eventually change its mind, while as a consequence, the other factions started to resent the employment of increased control mechanisms over their own activities. The ground lost was never recovered and the mission had to live with the consequences of this situation until its departure from Cambodia* »[1] .

b. L'information

De nombreuses erreurs politiques ont été commises sur plusieurs théâtres d'opération de l'ONU parce que les principaux responsables de ces opérations sur le terrain ignoraient tout du pays où ils se déployaient. Comment amener la confiance, la réconciliation et la paix sans une maîtrise des antécédents historiques, des facteurs ayant conduit au conflit, des usages et traditions de la société, des pratiques de pouvoir et de la manière dont elles sont perçues par la population, des leaders, de leur passé, de leur personnalité ?

Les exigences d'information soulignées pour la rédaction de l'accord de paix et du mandat de l'ONU valent pour le déroulement de la mission avec une acuité plus grande encore. Le défaut d'information observé dans les plus grandes opérations engagées depuis cinq ans est presque toujours abyssal. Pourtant les sources d'information existent non seulement dans les universités, les centres d'études, la presse spécialisée, mais aussi auprès des ONG qui sont souvent présentes sur place avant l'ONU et ont une expérience unique du terrain.

Il faudrait évidemment que le personnel civil et militaire de l'ONU ait une capacité d'écoute, une volonté d'apprendre, un degré d'ouverture, une curiosité respectueuse des autres qu'on lui connaît rarement. Il faudrait un sens du service qu'on trouve souvent au niveau des simples soldats de la composante militaire, mais beaucoup moins au niveau des gradés et du personnel civil.

---

[1] BEN YAHMED Jamel, *Final Report of the Civil Administration Component*, Phnom Penh, UNTAC, 16 September 1993.

c. L'allocation des ressources

Toute opération mobilise des moyens humains, financiers et techniques à assigner à la réalisation des différents objectifs et à répartir entre les différentes composantes de l'opération. Cette allocation des moyens, très souvent, souffre elle aussi d'un défaut d'information. Elle répond à des critères absolus, peu et mal adaptés aux spécificités de l'opération. C'est l'atavisme bureaucratique du mode d'emploi qui prévaut. Souvent, les effectifs militaires sont trop nombreux par rapport aux effectifs prévus pour les tâches confiées aux civils, comme par exemple, la préparation d'un processus électoral et l'éducation civique qu'elle implique ou encore la promotion des droits humains, les enquêtes sur les violations, les tâches de formation de groupes ciblés (police, personnel pénitentiaire, militaires, etc...).

Non seulement les moyens alloués doivent tenir compte des besoins réels en fonction des contraintes du terrain, mais ces moyens doivent être mis à la disposition de l'opération dans les délais les plus brefs. Le Conseil de Sécurité ne peut se contenter de décider une mission, il doit mobiliser les moyens ou accepter que se mettent en place des mécanismes - proposés dans l'Agenda pour la Paix - afin que le déploiement d'une opération ne soit pas retardé par les difficultés rencontrées pour réunir les fonds, le personnel et les équipements.

d. La planification et la logistique

Les erreurs observées lors du déploiement d'une opération tant au niveau de l'allocation des moyens que du calendrier du déploiement sont non seulement imputables à un système qui place l'ONU dans la plus totale dépendance à l'égard des Etats, mais aussi à l'ONU elle-même dont les capacités en matière de planification d'une opération et de logistique sont extrêmement faibles.

Cette faiblesse est d'abord structurelle. L'ONU n'était pas préparée à gérer plus de dix missions simultanément dans différents endroits du globe. Elle tient ensuite aux effectifs trop peu nombreux affectés à ces tâches. Elle tient enfin à la compétence limitée du personnel affecté à ces travaux préparatoires essentiels. Jusqu'il y a peu, l'ONU rencontrait les problèmes posés par le déploiement d'une opération en envoyant sur place des missions d'études qui, une fois sur deux, n'étudiaient guère et remettaient des rapports totalement insuffisants à l'origine de bien des erreurs.

Depuis deux ans, des réformes ont été introduites. Elles doivent être poursuivies. Ce qu'on peut considérer comme l'Etat-Major de l'ONU était et reste le plus modeste des états-majors du monde alors que des dizaines de milliers de casques bleus sont en opération à travers le monde. Les chaînes de commandement, comme le montre tous les jours la FORPRONU, semblent avoir été créées pour empêcher toute efficacité.

e. Le personnel

On ne peut éviter de mettre en cause la qualification et la neutralité du personnel choisi pour une opération précise dans un pays donné.

Le caractère de plus en plus multidimensionnel des opérations de l'ONU requiert du personnel compétent dans de nombreux domaines très différents. Il ne suffit plus d'offrir une expertise militaire, il faut pouvoir aussi disposer de juristes, d'économistes, d'administrateurs, de médecins, d'agronomes, de démographes, de géographes, de policiers, etc. Il faut de même un personnel d'exécution réunissant un minimum de qualifications (secrétaires, interprètes, chauffeurs). Le commandant des troupes déployées au Cambodge se plaignait de ce que "*up to 80% of the Military Police were unable to operate in either of the mission languages and many did not possess driving skills. A substantial number had never been trained as military policemen*".[1]

Le commandant en chef des troupes onusiennes au Cambodge avait servi comme officier supérieur au sein du contingent australien engagé aux côtés de l'armée américaine pendant la guerre du Vietnam. Le directeur du département Information-Education de l'APRONUC avait été en poste à l'ambassade des Etats-Unis à Phnom Penh à l'époque où ceux-ci soutenaient le régime de Lon Nol. Après 1979, cette même personne était chargée, en Thaïlande, de mettre en oeuvre la politique américaine de soutien aux Khmers rouges. Même si la bonne volonté de ces responsables de l'APRONUC était entière, dans l'esprit des Cambodgiens qui furent, dans le passé, leurs ennemis, un doute quant à la neutralité de tels Onusiens venait immédiatement à l'esprit. En recrutant du personnel qui avait cette particularité d'avoir été impliqué dans l'une ou l'autre des étapes de la tragédie cambodgienne et toujours du même côté, l'APRONUC détruisait elle-même l'image de sa neutralité et ruinait sa crédibilité. L'exemple du Cambodge n'est pas isolé. En Angola, au Mozambique, des comportements d'une totale partialité ont été observés à plusieurs reprises.

f. La conduite de l'opération

* une application complète : si les accords qui fondent la mission sont appliqués dès le début - et surtout au tout début - de l'opération avec fermeté et détermination, ce que certains présentent comme un dilemme entre "peacekeeping" et "peacemaking" apparaît comme un faux dilemme. Aider des parties consentantes à la mise en

---

[1] Gl SANDERSON, *UNTAC Military Component Final Report*, Phnom Penh, September 1993 (non publié).

oeuvre d'un accord ne signifie pas adopter une attitude de spectateur désengagé. Il faut s'impliquer et manifester, à l'égard de toutes les parties, un volontarisme sans faille. Chaque fois que l'ONU hésite et se montre faible, chaque fois qu'elle préfère pratiquer une « diplomatie de la patience », l'ONU encourage les réticences des plus réservés. Une force de maintien de la paix est une force qui doit dissuader de revenir sur leur parole les parties ayant décidé de mettre fin au conflit. Mais, comme le souligne avec pertinence Jacques Julliard, « *une force de dissuasion n'est efficace que si elle peut à tout moment se transformer en force d'intervention* .» [1]

* l'impact sur les populations locales : une opération de l'ONU ne peut prendre les allures d'une invasion. Les « soldats de la paix » n'appartiennent pas à des troupes d'occupation. L'ONU doit manifester le souci de ne pas marginaliser la population et ses leaders dans leur propre pays. Bien des erreurs seraient évitées et bien des objectifs seraient plus facilement atteints si l'ONU s'efforçait d'impliquer au maximum les acteurs locaux dans l'opération en cours. Une telle attitude suppose évidemment que l'on connaisse la culture et les traditions des populations locales. Et qu'on les respecte.

* le comportement des « peacekeepers » : « *L'an passé, à l'hôpital de Preah Vihear, il y a eu toute une période où la majorité des patients étaient de jeunes garçons victimes de violences sexuelles perpétrées par des soldats de l'ONU* »[1]. Un code de conduite doit être imposé à tous les soldats de l'ONU qui devraient recevoir une formation particulière adaptée aux spécificités de leur mission. Le

---

[1] JULLIARD Jacques, *Ce fascisme qui vient..*, Paris, Seuil, 1994.

[1] Déclaration faite à l'auteur par un médecin d'une ONG qui a réclamé l'anonymat. Cette déclaration fut confirmée par des officiers supérieurs de l'APRONUC. Voir également Far Eastern Economic Review, Hong Kong, 22 octobre 1993.

recrutement des « casques bleus » devrait être soumis aux conditions d'une sélection sévère. L'ONU ne peut accepter que, pour porter ses couleurs, des soldats soient recrutés dans les prisons de leur pays d'origine. « The *behaviour and abuses of certain of its personnel, and the relative lack of corrective action by UNTAC authorities, have undermined the credibility of UNTAC and made the task of the United Nations in Cambodia all the more difficult »*[1] , observe l'Institut des Nations Unies pour le Développement Social.

* les droits humains: cette dimension est toujours très négligée par ceux qui ont la charge des opérations de l'ONU, même lorsque le mandat en fait un objectif de la mission. On en verra pour preuves les médiocres effectifs affectés à cette tâche au Cambodge ou encore l'oubli de cette dimension dans le mandat des forces déployées en Bosnie ou encore l'indifférence avec laquelle furent accueillis les travaux des rapporteurs spéciaux en Irak et en ex-Yougoslavie. L'inventaire des succès et des échecs de l'ONU dans ses opérations de paix a été réalisé par Human Rights Watch qui conclut: « *Human Rights have been treated as a dispensable luxury, not as a central element in the success of UN peacekeeping and humanitarian operations »*[2]. La neutralité de l'ONU ne peut signifier son indifférence ou son silence complice envers les violations des droits de l'homme dont la mission est témoin. La neutralité ne peut justifier la passivité ou alors l'ONU elle-même trahit les idéaux d'une Charte qu'elle incarne et qu'elle doit mettre en oeuvre. On retrouve ici la marque funeste de diplomates habitués à fermer les yeux parce

---

[1] UNRISD, *Rebuilding Wartorn Societies. Workshop on the Social Consequences of the Peace process in Cambodia*, UNRISD, Genève, 27-30 avril 1993. Rapport publié à Genève en septembre 1993.

[2] HUMAN RIGHTS WATCH, *The Lost Agenda. Human Rights and UN Field Operations*, New York, 1993.

qu'une seule règle prévaut: pas d'histoire ! A défaut d'un droit d'intervention, une capacité de constatation et d'évocation doivent au minimum faire partie du mandat de toute opération.

* l'impact économique et social : dans un pays où le revenu moyen par habitant est presque toujours inférieur à 500 US $ par an, l'ONU offre, chaque jour, en guise d'indemnité de logement et de nourriture entre 100 et 150 $ aux officiers et observateurs militaires et au personnel civil. Cette injonction de devises fortes a des effets inflationnistes catastrophiques sur l'économie locale. L'installation d'une mission, la location de locaux, de maisons pour les services et le personnel, le recrutement d'employés locaux mieux payés que dans n'importe quel emploi local (même si à travail égal, le salaire n'atteint pas celui d'un Onusien) ont également des effets déstabilisateurs. L'Institut des Nations Unies pour le Développement Social a observé qu'au Cambodge: *« UNTAC expenditures have contributed significantly to the rise of certain prices. Competition between UNTAC, UN agencies and NGOs for local labour and accomodation has pushed up local wages and the price of housing. More importantly perhaps, the UNTAC presence has diverted labour and investment away from the production of essential goods towards tertiary sector activities providing services essentially for foreigners living in Cambodia »*[1] .

2.3. Après l'opération

A supposer qu'elle ait atteint ses objectifs, une opération de l'ONU a imprimé, dans le pays et les populations où elle s'est développée, une empreinte, positive et négative. Les comportements des soldats de l'ONU, l'arrivée brutale et massive de liquidités monétaires,

---

[1] UNRISD, *op. cit.*

l'irruption des agences de l'ONU et des ONG, la réouverture du pays aux acteurs économiques internationaux et, en premier lieu, aux pays voisins, bouleversent la vie sociale et la vie économique.

Le concept de « consolidation de la paix » proposé par M. Boutros-Ghali dans son Agenda pour la Paix doit donner naissance à des modes nouveaux d'actions concertées entre les agences techniques des Nations Unies, le Centre des droits de l'homme de l'ONU, les ONG et les acteurs locaux de la vie politique, économique, sociale et culturelle.

Dans beaucoup de cas, la période qui suit l'opération, si celle-ci n'a pas complètement échoué, est une période de reconstruction du pays et de rétablissement d'un appareil d'Etat. Une formidable opportunité existe à ce moment précis pour aider les acteurs locaux à instaurer un minimum d'Etat de droit. Cette opportunité doit être saisie. Elle ne peut l'être que si l'ONU a été cohérente tout au long de son intervention s'agissant du respect des droits humains.

3. Propositions

1) Doter l'ONU d'une forte capacité prévisionnelle s'appuyant sur une maîtrise des informations relatives à chaque pays. L'ONU doit disposer des moyens appropriés d'information sur les pays et les acteurs (satellites d'observation, banques de données, capacités d'analyse et de prévision).

2) Dans les cas où des périls majeurs menacent, renforcer les capacités d'action préventive du Conseil de Sécurité et du Secrétaire général. Un génocide programmé doit pouvoir être empêché.

3) Etablir un code de conduite spécifiant les conditions d'engagement d'une mission de paix et les règles à observer par le personnel civil et militaire de ces missions. Ce code de conduite devrait avoir une valeur juridique contraignante en amont comme en aval de la décision de lancer une opération. Il devrait s'imposer à ceux qui définissent le mandat comme à ceux qui le mettent en oeuvre, ainsi qu'à tous les Etats. Il devrait inclure en particulier une information systématique des populations locales dans leur langue et une action pertinente en faveur des droits humains dans toute action des Nations Unies. Il devrait prévoir, pour chaque opération, la mise en place d'un organe de concertation réunissant les responsables de l'opération, les autorités locales et les représentants de la société civile locale.

4) Créer une force permanente de paix, placée sous l'autorité du Conseil de Sécurité (réformé comme proposé dans le chapitre précédent) et du Comité d'Etat-Major. Bénéficiant d'une formation spéciale et disposant de ses propres services de logistique et de planification, cette force de paix serait apte à intervenir immédiatement dans tous les types de situation. Sa création serait complétée par l'installation d'un réseau de bases dans chaque région du monde d'où pourraient être utilisés immédiatement les moyens logistiques nécessaires.

5) Interdire toute délégation de l'autorité des Nations Unies à un Etat membre pour l'exécution de résolutions prises en vertu du chapitre VII. Les sanctions doivent être appliquées soit sous l'autorité directe de l'ONU, soit par délégation à une organisation régionale.

6) L'ONU, comme telle, doit adhérer aux quatre Conventions de Genève et aux deux Protocoles de 1977, ce qui n'est pas le cas actuellement. Toutes les forces agissant sous sa bannière doivent être soumises à leur respect.

7) Intégrer dans chaque opération un responsable des droits humains. Amnesty International a mis au point 15 propositions touchant la mise en oeuvre des droits humains dans les opérations internationales de paix (voir bibliographie). Elles méritent d'être prises en compte.

8) Dans l'esprit du concept de consolidation de la paix proposé par l'Agenda pour la Paix , créer, au début de chaque opération, une cellule préparant le suivi de l'opération avec l'ensemble des institutions du système des Nations Unies, en ce compris le Centre des droits de l'homme, avec les ONG présentes sur le terrain et les acteurs locaux de la vie politique, économique, sociale et culturelle.

III. ETUDE D'UN CAS :

LA BELGIQUE ET L'ONU

Au centre de nations, grandes et vieilles comme l'Allemagne, la France, la Grande-Bretagne ou l'Espagne, petites mais anciennes comme les Pays-Bas ou la Suisse, la Belgique, avant de devenir, il y a moins de deux siècles, un petit Etat indépendant, fut longtemps un espace de passage, de rencontres, tantôt centré autour de ses bourgs, de ses abbayes et de ses principautés, tantôt dirigé par des souverains bourguignons, espagnols, autrichiens, français et, finalement, hollandais.

Les Belges, passionnément attachés à leurs particularismes, ne connaissent pas ce nationalisme cocardier si puissant, si arrogant et, jusqu'il y a peu, si meurtrier de leurs principaux voisins. Le Belge n'est jamais aussi remarquable que lorsqu'il se projette au-delà des frontières nationales. On oserait presque avancer que le Belge ne se surpasse que lorsqu'il cesse d'être exclusivement de Belgique. Parfaitement à l'aise dans un monde pluriculturel, cosmopolite, le Belge est un internationaliste né. En tout cas, c'est bien ainsi qu'il apparaissait jusqu'il y a une trentaine d'années.

La poussée des aspirations régionales, qui fut d'abord une recherche de nouveaux équilibres plus équitables au sein d'un cadre national injuste d'abord envers le Nord, ensuite envers le Sud, a transformé, de la manière la plus pacifique qui soit, un Etat centralisé en une fédération dont les composantes disposent de très larges autonomies, y compris dans l'ordre international. La Belgique de 1995 est à mi-chemin entre le fédéralisme et le confédéralisme. Paradoxalement, cette évolution, qui devrait rassurer quant aux racines et aux identités des uns et des autres et favoriser l'ouverture au monde, semble s'accompagner d'un repli sur soi, d'une frilosité inquiète et égoïste.

Si on compare avec ce que réalisèrent des Belges, au cours des cent cinquante dernières années, dans tous les domaines, aux quatre coins du monde, jamais la Belgique n'a été aussi peu présente dans le monde qu'aujourd'hui. Comme si la reconnaissance et l'affirmation des autonomies internes avaient affaibli la confiance en soi alors qu'elles devaient la conforter. Que le bourgmestre (le maire) - socialiste, de surcroît ! - de la plus grande ville wallonne, Liège, dont on sait à quel point, tout en ayant le coeur au Sud, elle est attachée à sa vocation mosane, c'est-à-dire européenne, éprouve le besoin d'affirmer qu'il *se sent plus proche d'un entrepreneur wallon que d'un travailleur flamand* [1] donne la dimension d'une dérive identitaire et sous-nationaliste. D'internationaliste, le Belge est devenu un particulariste.

Au cours des deux décennies suivant la seconde guerre mondiale, la Belgique élabora une doctrine officielle en matière de politique étrangère: être membre actif d'ensembles multilatéraux, pratiquer en leur sein une diplomatie de la relation et de la concertation, ne pas se trouver en position de demandeur, intervenir par des propositions raisonnables [2].

Avec Fernand Dehousse, la Belgique participa, il y a cinquante ans à la rédaction de la Charte des Nations Unies. Avec Paul-Henri Spaak, elle présida, quelques mois plus tard, la première session de l'Assemblée générale des Nations Unies. Avec Paul-Henri Spaak encore, elle fut à l'avant-garde du Conseil de l'Europe, puis de l'Europe du Traité de Rome dont Jean Rey présida la

---

[1] DEHOUSSE Jean-Maurice, débat avec Bob Cools à Anvers, 9 mai 1985 cité dans VAES Bénédicte & DEMELENNE Claude, *Le cas Happart. la tentation nationaliste*, Bruxelles, Luc Pire, 1995.

[2] MABILLE Xavier, *Histoire politique de la Belgique*, Bruxelles, CRISP, 1986.

l'Euratom et du Marché commun. Avec Pierre Harmel, la Belgique fut, en même temps, à la pointe des efforts de dialogue entre l'Est et l'Ouest et, avec une ardeur qui devra ensuite attendre Jacques Delors, à la pointe de la construction européenne. Depuis, plus rien. Certes, nous brillons souvent quand il nous revient de présider des Conseils européens. Notre sens quasi spontané du compromis fait merveille lorsqu'il s'agit de gérer des attentes divergentes. De même, notre présence comme membre non permanent du Conseil de Sécurité s'est traduite, surtout en 1991-1992, par des efforts "européens" en vue de l'adoption de positions communes avec la France et la Grande-Bretagne. Nous gérons et, même, nous gérons bien. Mais, nous ne proposons rien. Nous n'entreprenons rien. Nous ne nous battons plus pour une grande cause. Hormis une remarquable capacité méthodologique, nous n'avons rien à présenter. Aucun principe majeur ne semble inspirer notre attitude. En cette fin de siècle, quels sont les choix de la Belgique pour l'Europe et pour le monde ? Qui les propose? Qui en débat ? Qui en décide ? Qui en contrôle l'application ?

1. Les choix politiques

Une invitation du Département d'Etat à visiter Washington, un passage rapide sur un porte-avions US croisant en Méditerranée et nos parlementaires deviennent les meilleurs petits soldats d'un atlantisme inconditionnel et les meilleurs propagandistes des thèses américaines. Les Etats-Unis savent bien qu'avec les Belges, il ne faut pas grand chose pour qu'ils suivent. D'ailleurs, s'ils se hasardent à envisager l'éventualité d'une suggestion sortant de la ligne - comme lorsque le ministre belge des affaires étrangères envisagea publiquement, en 1989, de ne plus soutenir à l'ONU l'octroi du siège du

Cambodge aux Khmers rouges - alors, tout de suite, c'est le coup de massue: l'Ambassade US intervient, brandit la menace de « rétorsions économiques » et fait donner d'autres représentations diplomatiques pour être sûr que tout rentrera dans le rang[1].

Depuis de nombreuses années, la Belgique n'a plus de politique étrangère propre. Un mot la résume: alignement. Nous avons suivi docilement les injonctions américaines. Et nous le faisions avec zèle, en bon élève de la classe. Lorsqu'il fallait choisir du matériel militaire américain, lorsqu'il fallait déployer des missiles, lorsqu'il fallait soutenir les pays favorables à la reconstitution de la force des Khmers rouges après 1979, lorsqu'il fallait envoyer des troupes en Corée ou dans le Golfe, la Belgique avait, comme le disait le centriste Raymond Scheyven, *« le doigt sur la couture du pantalon »*.

Nous avons toujours suivi la volonté américaine, jusque dans ses moindres méandres, en assumant toutes ses contradictions: lorsqu'il fallait soutenir la dictature du Shah d'Iran, nous soutenions le Shah d'Iran. Lorsqu'il fallait soutenir Saddam Hussein contre Khomeiny, nous suivions. Nous suivons encore et toujours dans le soutien à une des féodalités les plus barbares de ce siècle: le régime de Ryad.

De Spaak à Vandenbroucke en passant par Van Elslande, Simonet, Nothomb, Tindemans, Eyskens et Claes - avec la brillante parenthèse d'un Pierre Harmel, toujours aux côtés de Willy Brandt pour faire avancer l'*Ostpolitik* et la CSCE, en mettant en oeuvre une politique inventive, dynamique et féconde - les Belges, pourtant réputés pour leur pragmatisme, ont fait un choix idéologique majeur: l'atlantisme. Ils l'ont pratiqué avec une

---

[1] Knack (hebdomadaire belge d'expression néerlandaise), 15-21 augustus 1990. Sur la politique belge à l'égard du Cambodge: MAES Marc, *« België erkent geen regeringen, enkel staten ». Het geval Cambodja 1979-1991* in Res Publica, Vol. XXXIII, 1991/2.

orthodoxie parfois plus forte même que celle des Britanniques ou des Néerlandais. Ce qui n'est pas peu dire!

Comme l'écrit Rik Coolsaet, le premier auteur d'une "Histoire de la politique étrangère belge"[1] , *avec Léo Tindemans, la politique étrangère belge opte pour un cours purement idéologique, basé sur des dogmes semblables à ceux de Spaak: l'intérêt prédominant de la communauté atlantique, la réduction de l'unification européenne à sa seule composante économique, le refus de considérer un rôle spécifique aux petits pays, autre que celui de se déclarer fidèle aux alliances desquelles ils sont membres. La conception, la créativité et l'audace de la politique Harmel ont fait place à une simple doctrine. L'expérience que la diplomatie belge avait accumulée sous Harmel disparaît ainsi en bonne partie, en une dizaine d'années.*

Cette option de Tindemans et de ses semblables répondait au choix fait par ceux qui déterminent la politique étrangère du pays: les intérêts financiers, industriels et commerciaux. Comme ils avaient imposé, dans les années trente, une politique de neutralité qui convenait à l'étroite collaboration commerciale avec l'Allemagne nazie, ils ont privilégié, après la deuxième guerre mondiale, le cadre atlantique qui était le plus conforme aux initiatives prises notamment par la Société Générale. De la même manière, s'agissant de notre action en Afrique, c'est à l'Union Minière que se prenaient les décisions importantes, pas au Ministère des Affaires Etrangères. Sauf, quand il y avait de la casse...

Aujourd'hui encore plus qu'hier, comme s'ils étaient incapables de penser le monde de demain, les acteurs politiques belges se réfugient à l'ombre de leur clocher communal, régional, national ou européen. Un

---

[1] COOLSAET Rik, *Histoire de la politique étrangère belge*, Bruxelles, Vie Ouvrière, 1988.

petit bout de terre perdu sur ce que Paul Valéry appelait *un petit cap du continent asiatique*.

Conscience des pouvoirs limités d'un petit pays ? Mais la taille d'un pays n'a jamais empêché qu'il puisse relever de grands défis. Les pays scandinaves, dont la taille et le poids ne leur confèrent guère plus d'influence, se sont taillés une place originale dans les relations internationales par leur souci d'y inscrire une certaine éthique, par leur désir d'aller à la rencontre des victimes plutôt que de fréquenter les bourreaux, par leur exigence de justice, par leur action en faveur de la prééminence du droit international. Ces pays ne disposent pourtant pas d'un pouvoir bien grand. De toute façon, comme l'observe Coolsaet, *ce n'est pas avec du pouvoir, mais avec des idées, qu'un pays à proportions réduites peut s'imposer dans l'arène internationale.* C'était la conviction de Pierre Harmel : *Des pays comme le nôtre* disait-il, *n'ont d'efficacité dans leur diplomatie que par la valeur des idées dont nous sommes les véhicules* [1] ." Seuls Spaak (celui de l'ONU, du Conseil de l'Europe et du Traité de Rome) et Harmel ont exprimé cette conviction et l'ont traduite dans leur action. Au bilan des cinquante années écoulées de la politique étrangère belge, ils sont les seuls à avoir marqué l'Histoire du pays, de l'Europe et du monde.

Les autres ont d'abord écouté ceux qui se soucient peu de l'intérêt général: les hommes d'affaires. Mais les hommes d'affaires n'ont pas d'idées, ils ont des intérêts. Et les partis politiques sont chargés de les protéger. De toute façon, les partis politiques belges, dès qu'il s'agit du grand large, sont d'une pauvreté voire d'une médiocrité affligeantes. Ce n'est que très rarement qu'ils consacrent aux questions de politique étrangère quelques brefs instants de délibération dans leurs organes dirigeants. Tout au plus, certains consentent-ils à organiser, de temps à autre, des conférences et parfois même l'un ou l'autre

[1] MABILLE, *op cit.*

colloque dont les conclusions n'engagent jamais le parti et ses mandataires.

A l'alignement atlantique a succédé aujourd'hui l'alignement européen. Contrairement à l'époque de Spaak ou de Harmel, notre adhésion à l'idéal européen ne se traduit plus par des propositions, des efforts, de l'acharnement. L'Europe est devenue l'alibi de notre passivité. Alors que l'Europe reste, et pour longtemps encore, une construction où les Etats jouent un rôle majeur, nous nous sommes contentés pendant six mois, une fois tous les 6 ans, de présider des réunions et de faire aboutir des compromis. Alors que nous étions un moteur, nous ne sommes plus qu'un accessoire. Nous gérons l'acquis. Et nous invoquons l'Europe pour expliquer l'inexistence de notre politique étrangère. Magnifique prétexte pour ne plus penser, ne plus proposer, ne plus choisir. Au nom d'un espoir, toujours attendu, d'une Europe s'exprimant d'une seule voix, la Belgique a décidé de se taire. On ne fait plus de politique, on fait du négoce. Ce qui explique sans doute notre acquiescement à la dérive libre-échangiste de la construction européenne.

Faute d'un projet original mis en oeuvre avec inventivité et audace, nos quatre cents dix diplomates (il y en a 1.200 aux Pays-Bas) doivent se contenter de cette approche mercantile qui domine l'action de la Belgique à l'étranger. Leur compétence n'est pas en cause. Le corps diplomatique belge supporte honnêtement la comparaison, en dépit des chocs subis par les déséquilibres linguistiques successifs et les nominations partisanes. Ce qui l'affecte le plus, c'est l'absence de motivation née d'un manque d'orientation. Comme l'écrit Coolsaet, *la politique étrangère de la Belgique suit un cours indolent et sans inspiration au moment où il faudrait redéfinir les contours de la vie internationale de demain. Aujourd'hui, la ligne de conduite est le conformisme*.

A l'ONU, ce conformisme s'est traduit par notre adhésion à des politiques souvent en contradiction avec les idéaux que nos gouvernants prétendent défendre et auxquels l'immense majorité des Belges sont attachés. On y reviendra.

2. La prise de décision

La politique étrangère reste la prérogative du pouvoir exécutif. Sauf, lorsque le gouvernement est exclu du champ de la décision par le monde des affaires comme ce fut le cas au Congo belge, puis au Zaïre, l'Union Minière allant jusqu'à saper la crédibilité de la politique extérieure de la Belgique.

Lorsque le pouvoir politique n'est pas dessaisi par les puissances financières et économiques, ses choix de politique étrangère - et le refus de choisir est un choix - sont susceptibles de concerner quatre instances :

- le ministère des affaires étrangères qui concentre la plus forte expertise,
- le cabinet du premier ministre dont l'influence est prépondérante,
- le comité ministériel des affaires étrangères qui sert surtout à aplanir les éventuelles divergences entre partenaires de la coalition, la politique étrangère ne faisant plus spontanément l'unanimité depuis le début des années quatre-vingt;
- le conseil des ministres, réduit presque toujours au rôle de chambre d'enregistrement.

Dans la réalité, les choix et les non-choix relèvent le plus souvent:
- soit du représentant de la Belgique sur le terrain, qui n'est jamais assuré d'être couvert par son ministre (ainsi que l'a confirmé l'attitude peu glorieuse du ministre Mark Eyskens lors de l'affaire Walid Khaled, ce militant palestinien ayant

reçu un visa l'autorisant à venir à Bruxelles, arrêté sur dénonciation des services israéliens); certains ambassadeurs peuvent disposer d'une marge de manoeuvre assez importante au point de se permettre de porter des appréciations sur les choix de leur ministre. Il en va ainsi de nos représentants permanents auprès de l'Union européenne, de l'OTAN et de l'ONU. Ils reçoivent rarement des instructions précises de Bruxelles et calquent leur attitude soit sur les Etats-Unis, soit sur les plus américanophiles des Européens, les Britanniques ou les Néerlandais;

- soit du ministre et de ses proches collaborateurs, qui peuvent parfois jouer un rôle décisif (on se souviendra d'un Etienne Davignon, d'un Philippe de Schoutheete, d'un Alfred Cahen);
- soit du gouvernement, c'est-à-dire du premier ministre, qui exerce un rôle d'autant plus important que, depuis une quinzaine d'années, les rencontres au niveau des Chefs d'Etat et de gouvernement se sont multipliées. Une fois assuré du soutien des différents partenaires de la coalition, le premier ministre est le véritable pilote de la politique étrangère du pays.

Les choix de politique étrangère ne relèvent jamais de la représentation nationale. Les quelques lignes relatives à la politique étrangère figurant dans le programme de l'actuel gouvernement représentaient une telle innovation que la presse - particulièrement défaillante sur le chapitre du contrôle de notre politique étrangère - n'a pu que l'attribuer à l'intérêt personnel du premier ministre pour ces questions. Formulation très générale d'une continuité, ces lignes n'ont fait l'objet d'aucun débat.

En fait, l'attitude belge, quand elle ne se calque pas automatiquement sur celle des Etats-Unis ou, s'il en existe une, sur l'attitude élaborée - de plus en plus souvent dans le silence de la Belgique - au niveau européen, résulte de multiples tractations, de petites intrigues ou de grands dosages, de marchandages peu glorieux où les intérêts privés exercent leur influence trop souvent prépondérante. C'est la manière dont s'arrête cette attitude et les intérêts qui la motivent qui expliquent l'opacité des décisions en matière de politique étrangère.

3. L'opacité institutionnalisée

Depuis 1945, la Belgique a siégé quatre fois comme membre non-permanent du Conseil de Sécurité. Elle a présidé le Conseil à huit reprises, chaque fois pendant un mois. Jamais les positions adoptées par le représentant belge n'ont fait l'objet d'un débat, ni en commission parlementaire, ni en séance publique d'une des deux assemblées parlementaires. Jamais, le gouvernement n'éprouve le besoin de rendre des comptes à une représentation nationale d'ailleurs fort peu curieuse. Quand il est questionné, ses réponses sont sommaires, partielles et comportent souvent de nombreuses erreurs. Une anthologie des erreurs de faits commises par les ministres fournirait, bien plus que tous les travaux scientifiques, une illustration éclatante du niveau de compétence, de rigueur et de respect du Parlement dont ont témoigné nos ministres des Affaires étrangères depuis une vingtaine d'années.

Le mot "transparence" semble inconnu des responsables de la politique extérieure belge. Un énorme déficit démocratique caractérise les choix de politique étrangère.

Le gouvernement se retranche derrière l'article 167 § 2 de la Constitution en vertu duquel le Roi (le Gouvernement) conclut les traités et ceux-ci n'ont d'effet qu'après avoir reçu l'assentiment des Chambres. Concrètement, cela signifie que le Parlement est réduit au rôle du notaire enregistrant un acte. On ne peut que regretter la timidité du Constituant qui, lors de la dernière révision de la Constitution, a tempéré la portée de l'article

167 §2 en réservant au Parlement, par l'article 168, un droit de regard plus grand, mais seulement pour ce qui concerne les actes internationaux relatifs à la construction européenne.

Compte tenu de la mondialisation d'un nombre croissant de sujets dont le traitement, au niveau international, a des répercussions immédiates sur la vie des gens, sur le droit international, européen ou interne, la représentation nationale doit pouvoir exercer un droit de regard avant que la Belgique donne son accord à la conclusion d'un instrument international. Il n'est plus possible d'accepter une pratique héritée de l'Ancien Régime et perpétuée à dessein par ceux qui continuent à pratiquer la politique comme l'art d'empêcher les citoyens de s'occuper de ce qui les concerne.

La construction européenne renforce l'opacité entretenue, dans la mesure où elle constitue un écran nouveau derrière lequel nos gouvernants se retirent volontiers lorsqu'ils sont questionnés.

Aujourd'hui, avec un Flamand comme Secrétaire général de l'OTAN, un Flamand comme membre belge la Commission européenne, un Premier ministre flamand, un ministre des Affaires étrangères et un secrétaire d'Etat à la coopération flamands, les Francophones de Belgique ne se sentent plus représentés à l'étranger. Mais les parlementaires francophones, obsédés par des questions d'intérêt régional ou local, sont les derniers à s'investir dans les questions internationales. A l'exception de quelques-uns, on ne les voit jamais, on ne les entend jamais. Quant à leurs collègues du Nord du pays, s'ils sont un peu plus nombreux à manifester un certain intérêt, ils sont loin d'utiliser pleinement les possibilités offertes par le Règlement des Assemblées et très rares sont ceux qui se hasardent à remettre en question la tradition du domaine réservé qui n'a comme légitimité que celle que lui confère la passivité du pouvoir législatif.

Le débat sur le budget du Département est la principale et, pratiquement, la seule occasion annuelle de discuter du rôle de la Belgique hors de ses frontières.

On y rabâche sans nuance notre attachement inconditionnel à la construction européenne comme un dogme jamais autrement défini, de la même manière qu'on avait répété, avant et après Pierre Harmel, le catéchisme atlantiste. Les ministres prononcent des non-discours qui reflètent leur non-politique. C'est le grand moment des incantations et des poncifs. De rares parlementaires évoquent d'indéfinissables questions dont ils espèrent qu'elles retiendront l'attention de quelques électeurs incertains. On y parle du statut des agents de la coopération, de cadres linguistiques, du sort d'une ambassade ou d'un consulat, des risques que pourraient courir nos soldats engagés dans une mission de l'ONU. Des enjeux, des orientations précises, des choix clairs, des analyses critiques, des propositions alternatives il n'est point question. Tout ce qui devrait être la règle commune d'une démocratie vivante est absent. Si, d'aventure un parlementaire s'efforce de remplir sa mission de contrôle et de proposition, il le fait toujours dans l'indifférence générale, celle du gouvernement - qui, s'il répond, élude les vraies questions - et celle de ses collègues.

Parfois, des événements dramatiques imposent la discussion qui est alors le plus souvent monopolisée par les démagogues. Ce fut le cas lors des événements du Shaba (1978) ou ceux du Rwanda (1994). Beaucoup plus rarement, des circonstances extérieures imposent une vraie discussion. Il en fut ainsi et ce fut le dernier du genre, lors du débat sur l'installation des missiles de croisière (1984). Mais le débat avait lieu après que le gouvernement eut marqué son accord et alors que les avions transporteurs américains avaient déjà quitté leur base et volaient vers la Belgique. Avant même que le Parlement se fut prononcé...! Au printemps de cette année, sous la pression des ONG, un débat fut amorcé en vue du

Sommet de l'ONU pour le développement social à Copenhague. L'absence de la toute grande majorité des parlementaires, la faiblesse, voire la médiocrité de la plupart des interventions consternèrent ceux qui avaient placé des espoirs dans un tel débat. Il en fut pratiquement de même lors d'une initiative aussi heureuse qu'inhabituelle, lorsque le secrétaire d'Etat à la Coopération au Développement et le ministre des Affaires Etrangères proposèrent, sous la pression des événements de 1994, une discussion sur la politique africaine de la Belgique.

Pour l'essentiel, le Parlement est tenu à l'écart des choix du gouvernement en ce qui concerne le rôle de la Belgique dans le monde. L'idéologie du domaine réservé sévit à plein. La souveraineté nationale est confisquée. Il s'agit de masquer la manière, parfois très empirique, dont s'opèrent ces choix et plus encore les intérêts qui les sous-tendent. Un immense effort de transparence s'impose. Une Bastille est à prendre.

4. La Belgique à l'ONU

4.1 Au sein de l'Organisation

Le 1er janvier 1942, la Belgique, par son gouvernement installé à Londres, signe la Déclaration des Nations Unies. En avril-juin 1945, des Belges participent à la rédaction de la Charte des Nations Unies. Ils ont reçu de Spaak, ministre des Affaires Etrangères, le mandat de défendre l'idée qu'il faut imposer des conditions pour adhérer à la future Organisation: *être une démocratie, accepter de faire partie d'une armée internationale, n'avoir à formuler aucune revendication territoriale, accepter un minimum de législation sociale, renoncer à toute manipulation monétaire, être prêt à accepter la loi de la majorité* [1]. Un programme inspiré des leçons de la SDN, lucide quant aux limites de l'universalisme dominant. Un « Agenda pour la Paix », 47 ans avant celui de Boutros-Ghali. La délégation belge va inlassablement manifester sa volonté de construire un édifice basé sur le droit et non sur la force.

Cette attitude, fort remarquée, vaudra à la Belgique une solide réputation. Interprétée par les uns comme une forme de légitimisme tranquille, par les autres comme une exigence de justice internationale, elle ne survivra malheureusement pas à la confrontation avec les événements. La Belgique, très vite, va rallier le camp de ceux qui répondent à la force par la force. Elle va s'aligner. Pour très longtemps. Elle renoncera à invoquer le droit, elle ne tentera pas d'être à l'écoute des plus faibles, elle ne se fera pas l'ambassadeur de ceux que brime la force. Elle se rangera résolument aux côtés des Etats-Unis. *Ce qui est bon pour l'Amérique est bon pour la Belgique*, telle semble avoir été la doctrine officielle qui ne sera remise en question, avec prudence, qu'à l'époque du passage de Pierre Harmel aux Affaires Etrangères (1968-1973).

La Belgique placera ses soldats sous commandement américain en Corée (1950-1953). Elle fera de même pendant la guerre du Golfe - en dépit de quelques gesticulations politiciennes dues à des approches velléitaires d'options différentes au sein du gouvernement - où elle participera en un an à pas moins de 7 opérations militaires différentes (1991). Elle satisfera à l'essentiel des exigences américaines.

Il ne s'agit pas ici de se prononcer sur le bien fondé d'une telle politique, il s'agit simplement de souligner qu'un camp - d'ailleurs identifié comme étant le groupe B, celui des pays riches - a été choisi une fois pour toutes, que ce choix n'a jamais fait l'objet d'une évaluation

---

[1] SPAAK Paul-Henry, *Combats inachevés*, tome 1, Paris, Fayard, 1969.

et encore moins d'une remise en question, qu'aucune autre option n'a jamais été envisagée. En dépit des implications d'un tel alignement et des complicités auxquelles il a conduit notre pays, amené quasi automatiquement, à voter comme les Etats-Unis, jamais cette politique n'a fait l'objet d'une analyse préalable, d'une évaluation et encore moins d'une confirmation démocratique par un vote majoritaire au Parlement.

A titre d'exemple, fallait-il que la Belgique se compromette, de 1965 à 1991, en adoptant systématiquement le point de vue américain sur le deuxième, puis le troisième conflit indochinois ? Fallait-il, comme le demandait Washington, empêcher que l'intervention américaine au Vietnam soit débattue à l'ONU? Fallait-il, alors que nous assurions la vice-présidence du comité ad hoc sur le Cambodge (1981-1990), prendre parti comme le voulaient les Etats-Unis et contribuer à la reconstitution de la force des Khmers rouges après leur défaite de 1979, à soutenir leur présence à l'ONU pendant la décennie qui a suivi leur régime génocidaire et imposer au peuple cambodgien le plus implacable des embargos ? Nos choix furent américains et nos justifications, formulées par Tindemans, furent celles des Faucons américains.

Le dossier indochinois ne fut malheureusement pas le seul où nous avons renoncé à l'éthique, où nous avons préféré le langage de la force à celui du droit. Nous avons très largement participé à l'application facultative, unilatérale, d'un droit international à la carte. Au lieu de soutenir le droit international, nous avons soutenu des intérêts. Il en est ainsi lorsque nous nous associons à la poursuite des sanctions économiques contre l'Irak dont le maintien n'a pas d'autre justification que d'empêcher le retour du pétrole irakien sur le marché, ce que tentent de différer au maximum les compagnies pétrolières. Notre attitude nous conduit même à renier la Charte des Nations Unies et « *l'intérêt commun, à savoir celui de l'Organisation des Nations Unies »*[1] que, officiellement, nous prétendons défendre. Il en fut ainsi, dans la plus récente affaire mettant en cause la question du recours à la Cour Internationale de Justice (Affaire Lockerbie, 1992, voir supra). La Belgique s'est associée aux Etats-Unis pour éviter que la C.I.J. soit consultée.

Quant au droit en cours d'élaboration, nous soutenons les intérêts des puissants de préférence à ceux des faibles. En formulant des réserves à propos du droit de la mer, nous restions solidaires des plus forts. Nos réticences ont contribué à ce qu'un texte qui devait reconnaître l'existence d'un patrimoine commun de l'humanité soit vidé de son contenu. Nous ne nous sommes rangés ni du côté de « l'intérêt commun », ni du côté des pays les plus pauvres. Nous avons rempli notre rôle désormais classique de fidèle exécutant d'une politique définie et imposée par d'autres.

La Belgique qui fut membre du Conseil de Sécurité en 1991 et en 1992 a soutenu les 115 résolutions qui lui ont été soumises. Pas une seule nuance exprimée, pas une seule abstention, pas un seul vote négatif. Certes, presque toujours, des consultations précèdent les votes et se traduisent par des modifications du texte qui entraînent l'adhésion. Mais nous n'avons jamais fait entendre notre différence. Elle n'existe pas.

En revanche, comme lors des présidences belges de la Communauté européenne, notre présence au Conseil de Sécurité a fourni l'occasion de montrer un incontestable savoir-faire diplomatique. A défaut d'idées, nous avons des manières. A côté des deux pays européens (France et Grande-Bretagne) membres permanents du Conseil de Sécurité, il y a toujours, parmi les membres

---

[1] MINISTERE DES AFFAIRES ETRANGERES, DU COMMERCE EXTERIEUR ET DE LA COOPERATION AU DEVELOPPEMENT, *La Belgique au Conseil de Sécurité de l'ONU 1991-1992*, Bruxelles, Textes et Documents, janvier 1993.

non-permanents, un pays de l'Europe communautaire. En sa qualité de troisième partenaire, la Belgique s'est fixée pour tâche de privilégier l'adoption d'attitudes communes aux trois représentants de l'Europe. Une fois cet objectif atteint, les deux Européens permanents s'employaient à convaincre leurs collègues du club des Cinq, tandis que la Belgique s'efforçait de convaincre les autres membres non-permanents: d'abord les deux représentants de l'Europe non-communautaire, ensuite les Etats occidentaux non-européens et enfin les pays du Sud. Cette démarche, qui a matérialisé la coopération politique européenne au niveau du Conseil de Sécurité et son influence fut un succès dans la mesure où la France et la Grande-Bretagne ont « joué le jeu », alors qu'auparavant ces deux pays pratiquaient volontiers une arrogante rétention des informations. Cette démarche a renforcé la cohésion des représentants permanents des pays de l'Europe des Douze, informés et consultés chaque semaine. Non seulement, la Belgique a, pendant deux ans, toujours réussi à adopter une position commune avec la France et la Grande-Bretagne, mais les méthodes éprouvées des diplomates belges ont été à ce point appréciées que la Belgique a été associée aux discussions des quatre membres permanents concernés par le dossier yougoslave.

La Belgique, membre du Conseil de Sécurité, a montré avec éclat sa capacité à faire fonctionner la coopération politique européenne. Mais à quelle fin ? La prestation, si brillante soit-elle, eût été autrement convaincante si elle avait abouti à une position commune des Européens sur des choix européens. Aussi longtemps que la solidarité européenne s'assimile à la solidarité atlantique, l'exercice a quelque chose de vain et il n'est pas certain que les intérêts de l'Europe et surtout des Européens soient servis. Que les Européens parlent d'une même voix n'est important que si cette voix exprime une position européenne originale. L'Europe n'est pas une

fin en soi si elle n'affirme pas ses valeurs propres, sa spécificité, ses intérêts, son sens de la solidarité. Il ne suffit pas de présenter de brillantes aptitudes diplomatiques, il faut encore les mettre au service d'un projet politique qui soit autre chose que l'alignement.

Pour être complet, on rappellera que les efforts de la diplomatie belge ont été déterminants dans le succès de la candidature de l'actuel Secrétaire général, M. B. Boutros-Ghali, dans l'adoption de la fameuse résolution 688 sur « le droit d'ingérence humanitaire », dans la diffusion comme documents du Conseil de Sécurité, inédite jusque là, des rapports sur la situation des droits de l'homme en Irak et dans l'ex-Yougoslavie et dans l'audition - elle aussi inédite - , par le Conseil, des rapporteurs MM. Van der Stoel et Mazowiecki. Sur le fond, il serait injuste de ne pas mentionner que la Belgique a, début 1992, rédigé à l'intention de la Communauté européenne, une note sur la diplomatie préventive qui, dans une large mesure, a inspiré l'Agenda pour la Paix. Nouvelle démonstration, beaucoup trop rare, de l'influence d'un petit pays lorsqu'il est capable de sortir de l'alignement pour avancer des idées neuves.

Dans le système des Nations Unies, une institution spécialisée est dirigée par un Belge : l'OIT, dont le directeur général est Michel Hansenne. La première de toutes les institutions spécialisées est aussi la plus durement attaquée par tous les tenants de la pensée unique et du néolibéralisme radical. Aujourd'hui, l'OIT représente très exactement ce que la majorité républicaine du Congrès américain veut faire disparaître quand elle affirme que l'ONU véhicule des valeurs mauvaises pour les Etats-Unis. L'OIT connaîtra-t-elle le sort infligé naguère à l'UNESCO ? Est-on conscient de l'enjeu de la bataille qui s'annonce ? Qui se soucie de la dignité de ceux qui louent leur force de travail ? Que fera la Belgique si prompte à se coucher devant les volontés américaines ?

4.2 Dans les opérations dites de paix

Si l'armée belge, toutes forces confondues, a participé à de très nombreuses opérations à l'étranger depuis 1945, contrairement à ce qu'affirment les documents publiés par la Défense nationale, ces opérations ne furent pas toutes des opérations humanitaires. Toutes ne se plaçaient d'ailleurs pas sous la bannière des Nations Unies, ni même sous leur mandat.

Certaines furent des missions de guerre, (en Corée, dans le Golfe) ou de déminage (dans la Manche, en Mer du Nord, dans le Golfe Persique, au Cambodge), d'autres des missions d'interposition, d'observation, de maintien de l'ordre ou de maintien de la paix : à Tanger, de 1945 à 1949; en Indonésie de 1947 à 1950; en Palestine en 1948; au Cachemire de 1949 à 1953; au Rwanda de 1959 à 1962; à la frontière indo-pakistanaise en 1980-1981; en Namibie en 1989-1990; au Cambodge en 1991-1994; en Somalie en 1991-1992; au Sahara occidental en 1992, en ex-Yougoslavie depuis 1991; au Rwanda en 1994; en Haïti en 1995.

Mais il est vrai que l'essentiel des missions internationales de nos forces furent des missions humanitaires, dans le cadre de l'ONU ou pas. Au total, 94 missions humanitaires furent menées à bien de 1953 à 1994, sur tous les continents, afin d'évacuer des ressortissants belges menacés ou des personnes fuyant un conflit ou encore afin de venir en aide aux victimes de la famine, de la sécheresse, de tremblements de terre, d'inondations ou d'autres calamités.

C'est surtout à partir de 1990 que la Belgique a offert sa coopération aux opérations de maintien de la paix. A ce moment-là, il n'y avait que 4 officiers belges sous le drapeau de l'ONU : 2 à la frontière indo-pakistanaise, 2 au Proche-Orient. La participation belge devient importante avec trois opérations: ONUSOM en Somalie (587 hommes), FORPONU en ex-Yougoslavie

(675 hommes dont, pendant un temps, le général Briquemont, commandant en chef de la FORPRONU en Bosnie-Herzégovine), MINUAR I au Rwanda que le contingent belge quittera après l'assassinat de dix de ses hommes et la campagne anti-belge qui sévit à Kigali au moment où débute le génocide. Tous les avis étrangers confirment que les officiers belges sont d'excellente qualité et remplissent leurs devoirs avec intelligence et sérieux.

En dépit d'une expérience importante et d'un savoir-faire incontestable, la Belgique n'a formulé à ce jour ni réflexion, ni proposition sur les missions de l'ONU dont personne ne doute qu'elles appellent une remise en question. Une nouvelle fois, nous nous contentons de gérer. Presque toujours avec bonheur, il faut en convenir. Mais, lorsque nous avons des idées, serions-nous incapables ou impuissants à les faire connaître ?

4.3 La Belgique et l'ONU

L'opacité de la décision politique s'agissant des relations extérieures de la Belgique couvre aussi notre contribution financière au système des Nations Unies. Essayer de chiffrer le montant total de la contribution annuelle belge à l'ensemble des agences et institutions du système des Nations Unies réclame un véritable parcours du combattant à travers les multiples budgets qui interviennent dans cette contribution. Le département des Affaires étrangères ne fournit aucun effort de centralisation des informations. Vérifier l'usage des fonds belges consentis dans les projets multilatéraux est quasi impossible. Mais quels sont les parlementaires qui s'en sont jamais souciés, alors que nombre d'entre eux sont les premiers à parler de gaspillages, de puits sans fond, etc... ?

Il se dit que la Belgique est un des Etats membres de l'ONU le plus en retard pour ratifier les instruments internationaux adoptés par l'ONU. Ce fut manifeste à propos de la Convention sur les droits de l'enfant. Ce l'est à propos d'un texte d'une portée considérable à l'heure où montent l'intolérance, les replis identitaires, les pratiques d'exclusion, alors que la purification ethnique nous rappelle que la barbarie n'a pas été éradiquée: la Convention sur le droit des minorités. Mais quel parlementaire se soucie de vérifier si les allures de bons élèves que se donnent nos gouvernants sur la scène internationale se justifient ?

5. Propositions

Sans doute moins qu'en 1989-1990, mais à un degré jamais atteint depuis 1948, la situation internationale est fluide, ouverte aux innovations. Les Belges, dans leur grande majorité, sont généreux. Ils ne méprisent pas les idéaux qui portent haut et loin. Même s'ils cultivent entre eux avec ardeur leurs propres particularismes, ils sont volontiers les premiers à s'engager dans les projets qui transcendent les différences. L'époque est propice, les femmes et les hommes sont disponibles. La classe politique va-t-elle gâcher la chance d'une génération ?

A. Pour une politique étrangère inventive et dynamique

Une capacité de proposition et de mobilisation est absente. Un pays comme la Belgique pourrait prendre des initiatives vers ses partenaires européens, mais aussi vers les pays d'Europe centrale et les pays du Sud pour soumettre des propositions, mobiliser des énergies, former des coalitions actives dans les enceintes appropriées. Le conformisme de la majorité des diplomates non seulement entretient le statu quo, mais contribue à la détérioration générale des relations internationales.

La Belgique devrait prendre des initiatives, non seulement dans le vaste champ de la réforme de l'ONU, mais aussi dans celui de l'instauration d'un système global de paix et de sécurité. Elle devrait manifester une volonté constante de donner la priorité au respect des règles de droit international plutôt que de s'aligner systématiquement sur ceux qui s'en servent selon les opportunités. Donner la priorité au droit sur les intérêts devrait devenir la doctrine de la politique étrangère du pays.

Une capacité d'initiative suppose que le pays s'affranchisse de la tutelle américaine qui pèse encore et toujours sur sa diplomatie, que la mise en place très lente et très partielle d'une politique étrangère européenne ne serve pas, comme c'est le cas, de prétexte à l'inaction et que l'activité diplomatique belge soit en phase avec la représentation nationale et la société civile.

Ce qui suppose une volonté politique dont l'absence est illustrée avec éclat par la modestie et la banalité du programme gouvernemental [1] (quelle que soit la coalition au pouvoir) dans son chapitre de politique étrangère dont le flou ne serait accepté par aucun acteur politique s'il s'agissait de questions de politique intérieure. Ce qui réclame des efforts en termes de ressources humaines au niveau de l'appareil diplomatique ainsi que des changements radicaux quant à la transparence des décisions et des actions. Ce qui nécessite enfin des capacités de conception, de proposition et d'évaluation qui pourraient être réunies par la création, au sein du Ministère des Affaires étrangères d'un centre d'analyse et de prévision travaillant en liaison avec les centres universitaires en relations internationales ainsi qu'avec les ONG et, au sein

[1] Sur douze pages, la déclaration gouvernementale du 28 juin 1995 présentant le programme de l'actuelle coalition en consacre moins de deux aux questions internationales, en ce compris la politique européenne et la politique de défense...

de l'Etat-major général de l'Armée belge, d'un centre d'analyse et d'évaluation des missions de l'ONU.

B. Pour démocratiser les questions de politique internationale

1) publier chaque semestre un rapport du Ministre des Affaires Etrangères sur les positions et les attitudes de la Belgique dans les grands dossiers du moment et dans les différentes organisations internationales. Ce rapport serait soumis à un débat parlementaire.

2) organiser chaque semestre des auditions publiques des commissions réunies (Chambre et Sénat) des Affaires étrangères. Ces auditions devraient s'inspirer des *hearings* du Congrès américain qui obligent l'Exécutif à s'expliquer et donnent la parole non seulement aux parlementaires, mais aussi à des experts et à des représentants de la société civile, belges ou étrangers.

3) utiliser pleinement les dispositions légales et réglementaires existantes permettant un contrôle plus systématique de l'Exécutif, en particulier dans les domaines de la politique étrangère et de la politique de défense. Les orientations choisies doivent relever d'un choix démocratique opéré en toute transparence. Elles doivent être soumises à vérification et à évaluation régulières. Les parlementaires doivent remplir leur mission de contrôle.

4) organiser un débat parlementaire avant et après chaque grande conférence internationale et y associer la société civile lors d'auditions des commissions réunies des Affaires étrangères. Associer la société civile et les ONG compétentes à la définition de la position belge présentée lors de ces conférences. Instaurer un comité de suivi tripartite (Gouvernement, Parlement, ONG) pour vérifier la mise en oeuvre des décisions de chaque grande conférence internationale.

5) organiser deux débats parlementaires annuels avec les membres belges du Parlement Européen, en début des deux présidences annuelles de l'Union Européenne.

6) revoir la conception des missions parlementaires à l'étranger en imposant des objectifs précis et un rapport public et en associant la presse et la société civile.

7) organiser des rencontres annuelles entre les membres des commissions parlementaires réunies et les représentants de la Belgique dans les différentes institutions internationales.

8) encourager les travaux de recherche des centres universitaires traitant des relations internationales et veiller à ce qu'aucun des grands sujets de recherche ne soit négligé.

9) financer chaque année un contingent significatif de stages dans des institutions internationales pour des étudiants de 3e cycle universitaire ou pour des cadres d'ONG.

10) introduire dans la législation belge une loi sur la liberté de l'information autorisant toute personne qualifiée - journaliste, chercheur - à consulter les archives ministérielles sans limites, sauf lorsque la divulgation d'une information est susceptible de mettre une vie en danger.

11) revoir la composition de la commission intergouvernementale de droit humanitaire afin de mettre fin à son caractère confidentiel et d'élargir sa composition à la société civile.

CONCLUSIONS

DES PISTES POUR DEMAIN

Questionner l'ONU, c'est questionner les Etats et leur attitude par rapport à cet objectif majeur qu'est la recherche d'un ordre international garantissant à la fois la paix et sa condition indispensable: le développement dans la justice et la liberté.

C'est aussi s'interroger sur une vision institutionnelle, utilitariste et cynique des rapports entre les Etats.

Le jubilé des Nations Unies fournit l'occasion d'un bilan qui force le changement. En dépit du conformisme des diplomates, il n'est plus possible d'écouter leur message implicite qu'on peut résumer ainsi: puisqu'il n'y a pas de solutions, il n'y a pas de problèmes, et ce qui s'accomplit est nécessairement vertueux. En attendant la prochaine catastrophe.

La cinquième décennie de l'ONU aura vu les propositions les plus sérieuses pour créer vraiment un ordre mondial différent par deux hommes qui ont essayé d'être à la hauteur d'un de ces moments rares où l'actualité change l'Histoire plus qu'elle ne la prolonge: Mikhaïl Gorbatchev en 1987 et Boutros Boutros-Ghali en 1992. Chaque fois, elles ont été torpillées par les Occidentaux.

Faut-il accepter cette fatalité de l'impuissance? Faut-il se résigner au chaos voulu par ceux qui en tirent des profits colossaux? Faut-il renoncer à la paix, à la solidarité, à la justice, à la liberté pour tous?

En finir avec Hobbes

A un moment ou à un autre de l'histoire des hommes, il se trouve toujours quelqu'un pour tenter de comprendre et d'expliquer l'ordre des choses. Certains s'en contentent, d'autres veulent le changer.

Celui qui a observé les relations entre les Etats et qui en a tiré une théorie expliquant que, dans l'ordre des relations internationales, l'Etat constituait un acteur indépassable, est un philosophe du XVIIe siècle du nom de Hobbes. Il a établi, avec un succès qui dure toujours, que si, à l'intérieur des Etats, il était possible d'encadrer l'état de nature qui caractérise les relations entre les hommes et qui les porte à se battre pour leur profit, leur sécurité ou leur gloire, il en était tout autrement en dehors des Etats, dont les relations continuaient à être soumises à cet état de nature. Il ressort de cette théorie que dans l'ordre international règne la loi de nature, c'est-à-dire la loi de la jungle et que l'état de droit doit rester confiné dans les limites des frontières nationales, que rien, dans l'ordre international, n'est légitime ou illégitime, juste ou injuste, moral ou immoral et qu'il est donc impossible d'étendre à l'ordre international ce qui est le privilège de l'ordre interne.

Cette théorie s'impose toujours aujourd'hui. Reprise, confortée, enrichie par John Locke, Jean-Jacques Rousseau, Kant, Hegel, Bergson et surtout, tout près de nous, par Raymond Aron, elle a été enseignée, commentée, justifiée à des générations et des générations de futurs diplomates et de futurs gouvernants. Elle est devenue un fait de culture.

Théorie réaliste, sans nul doute. Mais théorie pessimiste qui postule l'impuissance des humains à transférer à des instances internationales les attributs des Etats. Théorie combattue, comme il va de soi, par d'autres analyses, plus volontaristes. Mais surtout, théorie aujourd'hui mise à mal par les faits. Sans doute a-t-il fallu des malheurs extrêmes pour que les hommes consentent à dépasser des barrières nationales dites infranchissables. Sans doute les avancées sont-elles encore modestes. Mais l'Europe, dont les guerres civiles ont à deux reprises ensanglanté la planète entière, offre aujourd'hui au monde un formidable message d'espoir en montrant, certes parfois avec hésitation, qu'il est possible de dépasser les Etats. Qui aurait pu penser, il y a seulement cinquante ans, qu'une juridiction européenne reconnue et acceptée pourrait un jour condamner des pays aussi jaloux de leur souveraineté que l'Allemagne, la France ou la Grande-Bretagne ? Les efforts inlassables poursuivis par tous ceux qui veulent donner consistance et effectivité au droit international et les résultats obtenus, sans doute encore modestes, fournissent un autre démenti à M. Hobbes et ses disciples.

Il importe aujourd'hui de proclamer que la théorie de M. Hobbes photographie une réalité dépassable. Il importe surtout de former de nouvelles générations de diplomates plus soucieux de moraliser les relations entre les Etats et d'encadrer l'état de nature dans l'ordre international.

De Sarajevo à Savarejo : un siècle pour rien ?

Est-il besoin de le rappeler, nous ne vivons pas dans un monde en paix. Certes, il n'y a pas eu de troisième guerre mondiale. Mais cela signifie-t-il que nous soyons en paix ? S'il est vrai que sur les terres d'Occident, les fléaux de la guerre n'ont pas frappé depuis cinquante ans - sauf pour les milliers de familles qui ont souffert la perte de proches envoyés par l'Occident faire la guerre ailleurs - la guerre dans toute son horreur a frappé durement en Afrique, en Amérique latine et en Asie. S'il n'y a pas eu la guerre mondiale, il y a eu plus de 150 conflits qui ont provoqué la mort de vingt à vingt-cinq millions d'êtres humains.

Ce siècle qui a commencé à Sarajevo se termine à Sarajevo. Ce n'est pas une coïncidence. C'est la sanction d'un échec, des calculs à court terme, du refus de prendre en compte les aspirations légitimes, de la faiblesse devant les prétentions hégémoniques, de l'absence de volonté de faire respecter les principes dont on se réclame, de la soumission aveugle aux intérêts privés.

Le XXe siècle qui se termine ne nous conduit pas vers le XXIe. Il nous ramène au XIXe. La scène, les décors et les moyens techniques ont changé. Mais la pièce qu'on veut nous faire jouer s'appelle aujourd'hui comme il y a cent ans: confrontation entre zones d'influence, exploitation capitaliste à outrance, dominations culturelles. Un élément nouveau est toutefois apparu: pour la première fois dans l'histoire des hommes existe la capacité de destruction totale de la planète par ceux qui l'habitent, soit par les armes, soit par l'exploitation anarchique de l'environnement.

Les générations futures devront-elles un jour constater qu'en dépit de progrès techniques et scientifiques comme jamais les siècles antérieurs n'en avaient connus, le XXe siècle fut un siècle pour rien et que, finissant, il offrait, sur l'ensemble de la surface de la terre, le spectacle que donnait cent ans plus tôt l'Europe des enfants exploités dans les entreprises, des populations entières décimées par l'épuisement et la maladie, des peuples embrigadés dans des guerres dont seuls tiraient profit les puissances d'argent ?

Le spectacle de l'acharnement mis à détruire les systèmes organisant, dans quelques pays seulement, au prix de luttes innombrables, un peu plus de solidarité entre ceux qui sont riches et ceux qui ne le sont pas, entre ceux qui travaillent et ceux qui n'ont pas de travail ou qui ont cessé de travailler, entre ceux qui sont bien portant et ceux qui sont malades, la vitalité des thèses porteuses d'exclusion et le succès des gourous qui les propagent, la banalisation des agressions en tous genres contre la dignité de l'être humain questionnent chacun d'entre nous. Est-ce cela que nous voulons ? Est-ce de ce monde dont nous avions rêvé ? Ne sommes-nous pas engagés sur une voie dangereuse ? Ne sommes-nous pas en train de recréer les conditions qui ont provoqué toutes les tragédies du siècle qui s'achève ?

La paix est une exigence. Elle n'est pas donnée. Elle se mérite. Elle se construit. Les gouvernants, sauf lorsque le risque de guerre incluait leur propre anéantissement, ont consenti peu d'efforts pour établir les bases solides d'une paix durable. Ces efforts n'ont jamais dépassé la protection d'intérêts immédiats. Les industries de l'armement, les firmes transnationales qui tirent de l'exploitation des ressources naturelles du Sud de considérables profits, les groupes financiers internationaux qui agissent en dehors de tout contrôle et contribuent à la prospérité de grandes organisations criminelles internationales sont des menaces permanentes pour la paix du monde. Ces acteurs décisifs n'ont jamais été intégrés dans une action crédible pour la paix.

La paix, ce n'est pas seulement, pendant un temps, l'absence de guerre. La paix a ses propres contraintes qui ne se réduisent pas, comme un siècle d'échecs le démontre, à des accords diplomatiques. Travailler à la paix, c'est non seulement oeuvrer à la non-confrontation des Etats, mais aussi et surtout à la réduction des facteurs de guerre: la fabrication et la prolifération des armements en tous genres qui confèrent une puissance incontrôlée à ceux qui vivent des guerres, l'aliénation révoltante des peuples que les rapports économiques internationaux imposés par un néolibéralisme débridé condamnent à la misère, la tyrannie de régimes despotiques qui refusent de reconnaître la dignité à laquelle chaque personne a droit.

Il faut payer le prix de la paix. Aujourd'hui, nombre de gouvernements rechignent à s'acquitter des devoirs de police que la nature humaine impose dans toute société, fût-elle internationale. Ils craignent de heurter de puissants intérêts dont la prospérité est liée à l'absence de toute règle. Ils craignent l'impopularité de pertes humaines. Une action de police au niveau mondial a son coût. Elle serait certainement mieux acceptée s'il s'agissait de faire respecter le droit sans ambiguïté et si les opinions publiques étaient plus complètement, plus impartialement informées et leurs représentants davantage associés au débat international.

Le maintien de la paix suppose conjointement l'intelligence des situations et la volonté d'agir. Nous sommes encore loin du compte [1].

Pour une pratique citoyenne des relations internationales

Les lobbies économiques et financiers sont mieux informés par les gouvernements des questions de politique internationale que les citoyens et leurs élus. Mais ces derniers portent une responsabilité cardinale dans la mesure où ils s'investissent fort peu dans ces questions jugées peu rentables électoralement.

Les fabricants et les marchands d'armes, les firmes pétrolières, les sociétés financières internationales et, de plus en plus souvent, de grandes organisations criminelles déterminent plus sûrement la politique étrangère des Etats que les élus. Ce que Jaurès observait en Europe il y a cent ans est vrai aujourd'hui du monde entier: *les hommes d'argent servis par les hommes de pouvoir essaient de prolonger leur domination* [1] .

La légitimité divine par laquelle se justifiait autrefois le pouvoir a été remplacée par la nécessité économique. A cette médiocre et dangereuse légitimation, qui ramène le monde un siècle en arrière et, comme déjà l'écrivait Marx en 1848, *ne laisse subsister d'autre lien, entre l'homme et l'homme que le froid intérêt, en substituant aux nombreuses libertés si chèrement*

[1] JULLIARD Jacques, *Les brumes de l'ONU*, Paris, Le Nouvel Observateur, 7 janvier 1993.

[1] GALLO Max, *Le grand Jaurès*, Paris, Robert laffont, 1984.

conquises, l'unique et impitoyable liberté du commerce [1] , il faut opposer une légitimité citoyenne du politique.

Il s'impose donc de former partout des groupements de citoyens capables de briser la citadelle dans laquelle ces questions vitales pour chacun d'entre nous sont traitées. Pour tous les citoyens épris de paix, la Bastille à prendre aujourd'hui, le symbole de l'opacité, le paravent des compromissions et des impuissances, c'est le Ministère des Affaires Etrangères. Tout en sachant que derrière lui, c'est l'Etat tout entier, Exécutif et Législatif, qui est partie prenante de cette pratique des relations internationales qui nous conduit d'échecs en échecs, de conflits en conflits, de souffrances en souffrances. Ce sont les Etats qui, sur instruction ou au moins avec l'aval des acteurs économiques, décident, mais ce sont toujours les populations qui paient le prix de choix qui leur échappent.

Les Européens ont payé très chèrement les fautes majeures commises par les « responsables » de la diplomatie - aux ordres des groupes industriels - qui ont conduit à la guerre 1914-1918. Ils ont payé encore plus chèrement les stupidités consignées dans les Traités de Versailles et les lâchetés répétées tout au long des années trente. C'est contre l'avis de ces mêmes « responsables » que des hommes clairvoyants ont, presque par effraction, imposé la décolonisation et évité que la lutte pour l'indépendance de millions d'exploités ne devienne une guerre généralisée entre le Nord et le Sud dont le conflit vietnamien nous a donné un aperçu de ce qu'elle aurait pu être.

Chaque année qui se termine voit les deux tiers de l'humanité plus pauvres que douze mois avant. Des conflits éclatent partout. Les règles communes qui devaient apporter la paix et la justice dans la liberté, sont systématiquement bafouées par ceux qui ont pour mission

---

[1] MARX-ENGELS, *Manifeste du parti communiste*, Moscou, Editions du Progrès, 1967.

de les faire respecter. L'espérance est chaque jour découragée.

Raison de plus pour briser les coalitions et les conformismes qui enchaînent l'humanité à cette fatalité du malheur. Raison de plus pour mettre fin à ce détournement de la souveraineté des peuples qu'entretient la confiscation des relations entre les nations par quelques gouvernants.

Pour un nouveau sens de la crédibilité

On n'est pas crédible parce qu'on admet la fabrication et le commerce des armes comme une fatalité. On n'est pas crédible parce qu'on répète le catéchisme des institutions financières internationales. On n'est pas crédible parce qu'on accepte les catégories traditionnelles par lesquelles l'establishment diplomatique international justifie sa conception mécanique des relations entre Etats. On n'est pas crédible parce qu'on réussit à faire passer pour du réalisme ce qui n'est que de la résignation et de la lâcheté.

L'establishment diplomatique semble incapable d'intégrer les changements du monde, les leçons qu'ils fournissent et les conséquences qu'il faut en tirer. On en a une illustration supplémentaire avec le refus, en 1990-1991, par cet establishment, d'intégrer au plus vite dans une structure européenne appropriée les pays d'Europe libérés du joug soviétique. La volonté politique qui prévalait pour intégrer dans un ensemble démocratique l'Espagne, la Grèce et le Portugal à peine sortis de la dictature, la volonté politique dont a fait preuve l'Allemagne en passant sans transition à une réunification complète, cette détermination-là ne s'est pas retrouvée pour intégrer les pays de l'Europe centrale enfin libérés de la domination russe. Ils sont priés d'attendre. Cette incapacité à s'adapter aux réalités nouvelles, à saisir les opportunités du moment, ce conservatisme intellectuel sont responsables de ce qu'aujourd'hui ces pays se transforment en une sorte de *no man's land* entre la Russie et l'Union européenne, livrés, au nom des lois du libre-échange, aux spéculateurs et aux trafiquants et bloqués dans une sorte de neutralité de fait qui rappelle étrangement les découpages des Traités de Versailles et affaiblit la sécurité en Europe. L'Union européenne tient des discours sur des valeurs qu'elle n'a pas la volonté de protéger ou de promouvoir.

Autre aveuglement, les diplomates refusent d'appliquer à la scène internationale les règles de droit et de justice que les démocraties font vivre au plan interne. Comme l'écrit Laurent Joffrin « *le monde des diplomates traditionnels, c'est celui des affrontements sans merci, des violences sans limite, de la raison d'Etat et des individus sacrifiés. La politique internationale, pensent-ils, c'est la continuation de la guerre par d'autres moyens* »[1] . Les démocraties européennes, inspirées par les schémas les plus traditionnels, ont aujourd'hui en Yougoslavie (1991), comme hier en Tchécoslovaquie (1938), non seulement failli à l'honneur, mais surtout facilité le conflit.

« *Vous avez voulu sauver la paix au prix du déshonneur. Vous avez le déshonneur et vous aurez quand même la guerre* ». Cette phrase de Winston Churchill après Munich devrait hanter les gouvernants et les diplomates qui les conseillent. Mais comme l'écrit Jacques Julliard, « *les diplomates raisonnent comme Chamberlain, alors qu'il faudrait agir comme Churchill* »[1].

On oublie trop souvent que la résistance à l'Allemagne nazie fut le fait de personnalités récusant les règles de la *Realpolitik* enseignées dans les instituts de relations internationales et pratiquées au quotidien par des centaines de petits "Machiavels d'ambassade" (Joffrin). Un De Gaulle, un Churchill, brisant avec Daladier et

---

[1] JOFFRIN Laurent, *La Gauche retrouvée*, Paris, Seuil,1994.
[1] JULLIARD Jacques, Paris, Le Nouvel Observateur, 28 novembre 1991.

Chamberlain, refusèrent - et dans quelles circonstances ! - l'état des choses créé par Hitler et Mussolini.

Etre crédible sur la scène internationale, ce n'est pas répéter encore et toujours les vieilles analyses et les vieux schémas. Combien d'erreurs nos diplomates devront-ils encore commettre pour qu'on cesse de les écouter lorsqu'ils réduisent le conflit en ex-Yougoslavie à des rivalités ethniques et la tragédie du Rwanda à des oppositions tribales ? Evidemment, comme le souligne Jacques Julliard, « *le tribalisme est une explication commode pour quiconque veut évacuer la question de la responsabilité. Il permet de renvoyer dos à dos le bourreau et la victime, l'agresseur et l'agressé* ».

Les diplomates semblent incapables d'accepter qu'en dépit de l'effondrement du communisme, des peuples puissent ne pas accepter les conséquences dévastatrices du libéralisme économique, refuser la dualité des sociétés où l'Etat n'est que le clerc des intérêts privés et se révolter. Jusques à quand se laissera-t-on tromper par un establishment diplomatique qui, comme par principe, refuse toujours d'identifier la vraie nature des conflits lorsque ceux-ci opposent démocrates contre totalitaires, opprimés contre oppresseurs, exploités contre exploiteurs ?

La manière dont les pays riches et démocratiques ont bafoué les idéaux et les règles de la Charte leur a progressivement, enlevé toute légitimité aux yeux de centaines de millions de personnes dans le monde. La paix n'a pas été instaurée. Les inégalités se sont aggravées. L'injustice règne. La déception est immense. Le désespoir grandit. La révolte gronde.

Des foules innombrables, victimes de l'idéologie du marché, s'en remettent, ainsi que d'autres l'avaient fait après le krach de 1929 et les déceptions engendrées par l'impuissance de la SDN, à des formes du discours totalitaire dont certaines comme le fondamentalisme et l'intégrisme religieux (qui ne sont pas exclusivement islamiques) sont neuves, mais d'autres, comme la revendication identitaire et nationaliste, sont bien connues, particulièrement pour les tragédies qu'elles peuvent engendrer et qui, déjà, éclatent ici et là.

Les démocrates qui vivent dans les pays riches et qui s'inquiètent de la montée en puissance de ces forces totalitaires seraient bien avisés de ne pas se tromper de cibles. Ce sont **nos** gouvernements qui sont les premiers responsables. Gouvernements de droite comme gouvernements de gauche. Rien n'a été changé, rien n'a même été tenté pour essayer de changer l'état des choses voulu par les puissances d'argent. Ni dans chacun des pays, ni à des niveaux supranationaux (comme l'Union Européenne où c'est un socialiste qui s'emploie à détruire un des rares concepts porteurs du sens de l'intérêt général: le service public !) ou intergouvernementaux (comme l'ONU où la solidarité des pays riches, y compris ceux dirigés par des socialistes, est une réalité d'airain).

Les totalitarismes renaissants ne sont pas le résultat d'une quelconque génération spontanée, d'égarements soudains ou de sombres complots. Ils sont les fruits empoisonnés de nos propres oeuvres. C'est parce que nous sommes faibles sur les principes dont nous nous réclamons que ceux qui les méprisent prospèrent et prolifèrent. Le mal est chez nous. Ceux auxquels nous confions le pouvoir ne croient pas à ces principes. Ils se contentent - dans le meilleur des cas - de les proclamer. Confrontés aux réalités, ils s'affaissent.

Une nouvelle crédibilité doit s'affirmer sur la scène internationale. Une crédibilité qui se fonde sur la fermeté des principes, une saisie curieuse du réel, respectueuse de sa multiplicité et de sa dynamique, une volonté lucide de transformer l'état des choses lorsque celui-ci contrarie la paix, la justice et la liberté, une capacité à inventer ou à rechercher de nouvelles approches des problèmes, une défense intransigeante de la dignité des personnes, une volonté d'agir et d'intervenir quand l'essentiel est en cause.

Pour une société multilatérale

La légitimité internationale exige plus que des symboles et des mots, plus que le froid réalisme ou les rêves insensés. Comme le souligne cet excellent observateur de l'ONU qu'est Flora Lewis, *il y a beaucoup trop en cause pour permettre que le cynisme ou l'utopie bloquent les chances réelles de renforcer le rôle de l'Organisation* [1] .

La communauté internationale est-elle prête à mettre en place un mécanisme autonome d'arbitrage crédible, c'est-à-dire accepté par tous, représentatif et légitime, appuyé sur le seul droit, assisté de juges et d'une force de police ? Les choses étant ce qu'elles sont, peu d'Etats sont disposés à poser les actes de délégation de souveraineté qu'impliquerait une telle ébauche de gouvernement mondial. Entretenir l'illusion d'un tel projet, c'est recommencer la production de mythes derrière lesquels se cachent ceux qui entendent maintenir le statu quo.

Par contre, il est possible, donc il est nécessaire de redonner au multilatéralisme l'élan stoppé par les Etats-Unis. Des sujets s'y prêtent mieux que d'autres. Des partenaires sont mieux disposés que d'autres. Une action volontariste peut créer une nouvelle dynamique à l'action multilatérale.

L'évolution vers des organisations régionales plus structurées, plus neutres, offre une autre opportunité à saisir. Inscrire une certaine organisation des grandes régions du monde dans un système ouvert et dynamique serait sans doute le progrès le plus décisif pour empêcher la dérive en cours vers la reconstitution des sphères traditionnelles d'influence.

---

[1] LEWIS Flora, *How the UN Can Be More Than the Sum of Its Parts*, International Herald Tribune, 8 march 1991.

Entre le libre-échange et le protectionnisme, entre le laisser-faire planétaire et le repli identitaire, l'heure est venue d'imposer la solidarité. Pas la solidarité invoquée par la rhétorique hypocrite des gouvernements, des organisations internationales et des églises. Une solidarité effective, construite de proche en proche, s'imposant comme critère de sélection des projets et des programmes. Une solidarité imprimant sa cohérence à toute politique qu'elle soit rurale, urbaine, régionale, nationale ou internationale.

Si la réforme de l'ONU, de ses institutions et de ses pratiques doit répondre à un objectif et un seul, c'est bien celui de la solidarité. Si, d'une certaine manière, l'avenir qui va être celui de l'ONU sera aussi l'avenir du monde, il est urgent que les citoyens qui sont, bien avant les intérêts privés et les gouvernements, les premiers concernés, imposent ce débat nécessaire.

Notre monde complexe et divers est en train de devenir, par une évolution inévitable, de plus en plus interrelié et interdépendant. Et ce monde a de plus en plus besoin d'un mécanisme capable de permettre la discussion des problèmes communs d'une manière responsable et à un niveau convenable de représentation. (...). L'ONU est appelée à être ce mécanisme par les idées sur lesquelles elle a été construite et par son origine, et nous sommes confiants qu'elle est capable de remplir un tel rôle[1] .

---

[1] GORBATCHEV Mikhaïl, Moscou, La Pravda & Les Isvestia; 27 septembre 1987.

POSTFACE

Au titre de l'article 15 de la Déclaration des Droits de l'Homme et du Citoyen de 1789, qui pose le droit des citoyens à demander à tout administrateur public des comptes sur sa gestion, nous mettons en cause la prétention de ceux qui gèrent le monde à continuer à dicter leur loi.

Déclaration finale (extrait) du Premier Sommet des Sept peuples parmi les plus pauvres, 15 juillet 1989.

A la veille du vingt et unième siècle, le bonheur reste une idée neuve.

Nous vivons dans un monde où toutes les conditions de ce bonheur sont réunies, mais où le plus fort taux de croissance est atteint par la misère...

Un monde où la faim tue chaque jour des dizaines de milliers d'enfants, allume l'émeute sur trois continents, assassine l'espérance. Un monde qui mutile l'existence des femmes quand la lutte pour la simple survie aggrave les oppressions traditionnelles.

Le responsable de ces tragédies est un impérialisme économique qui saigne à blanc le Tiers Monde et l'écrase sous le poids de la dette. Il a ses concurrences internes, mais la cohésion est sans faille lorsqu'il s'agit d'assurer sa domination.

Seule la solidarité des peuples peut briser son pouvoir. Cette solidarité ne signifie en aucun cas soutien à ceux des régimes qui parachèvent la misère de leur pays, étouffent la voix et les droits de leurs peuples.(...)

Ensemble, nous pouvons et nous devons ranimer l'espérance, faire en sorte que la justice et l'égalité soient l'avenir commun.

Appel de la Bastille (extraits), 15 juillet 1989

POST-SCRIPTUM

Requiem pour Srebrenica

Je venais de terminer la rédaction de ce petit livre lorsque la mission de l'ONU en ex-Yougoslavie - cette Force de Protection des Nations Unies qui n'a rien d'une force, qui ne protège que lorsque la menace est faible et qui représente des nations très peu unies - a abandonné aux hordes barbares des massacreurs et violeurs bosno-serbes des zones dites de sécurité dont les combattants avaient été, pour la plupart, désarmés par l'ONU, celle-ci s'étant engagée à protéger les populations civiles. Que vaut aujourd'hui un engagement de l'ONU et de son Conseil de Sécurité ? Les torturés et les morts de Srebrenica connaissent la réponse.

Aussitôt tombée Srebrenica , aussitôt massacrés les hommes valides et violées les femmes musulmanes, le Secrétaire général de l'OTAN, - cette institution érigée en "bras armé" de l'ONU par *foi dans les buts et les principes de la Charte des Nations Unies* (Traité de l'Atlantique Nord, 4 avril 1949) - , entérinait le fait accompli [1]. Srebrenica n'est pas Koweït City. Il y a des villes où s'incliner devant la force n'est pas faillir. Spécialement, les villes dont la valeur ne se mesure bas en barils de pétrole. Comment justifier une telle infamie ?

A quoi sert encore la Charte des Nations Unies? A quoi servent les capacités militaires entretenues à coûts élevés par des démocraties qui n'osent pas sans servir quand l'essentiel est en cause ?

---

[1] CLAES Willy, le 12 juillet 1995, cité dans Le Monde du 13 juillet 1995. Avec honte, on rappellera que ce « responsable », qui contredit cinquante années d'efforts en vue de consolider le refus collectif de s'incliner devant la force, est un Belge et, de surcroît, quelqu'un qui ose se réclamer des valeurs de la gauche.

Mais quel est l'essentiel pour ceux qui agissent en notre nom ? Une vie humaine ou un baril de pétrole ?

Nous, Européens, ne cessons de donner au monde des leçons d'éthique politique, de démocratie, mais comment se manifeste notre propre cohérence ?

La guerre froide terminée, notre nouvelle grande peur s'appelle intégrisme. Nous avions l'occasion, en Bosnie, de montrer que c'est le fondamentalisme qui est une menace, pas l'Islam. Les populations musulmanes des Balkans et en particulier de Bosnie sont les plus tolérantes, les plus engagées dans un modèle pluriethnique et pluriculturel dont nous déplorons l'absence lorsque nous parlons de l'Algérie, de la Libye, de l'Iran ou du Soudan. Ce sont précisément ces populations-là, que nous avons abandonnées - pour ne pas dire livrées - aux bourreaux. Nous tenons des discours sur la supériorité de l'Etat laïc, mais nos politiques nourrissent les fondamentalismes.

Que dirons-nous à nos enfants ? Que dirons-nous à nos élèves et à nos étudiants ? Que nous reste-t-il de crédibilité ? Comme aux temps de la guerre d'Espagne et de Munich, nous avons été lâches.

La génération des années trente avait refusé de *mourir pour Dantzig*. Celle des années quatre-vingt-dix, accepte de mourir pour le pétrole du Koweït, pas pour les habitants de Srebrenica ou de Zepa. On mesure le progrès accompli.

Il n'est plus besoin d'épiloguer sur le bilan des cinquante années de l'ONU. Il a été dressé le 11 juillet juillet 1995 à Srebenica.

BIBLIOGRAPHIE

Monographies

AMNESTY INTERNATIONAL, *Maintien de la paix et Droits de l'Homme*, Londres, secrétariat international, janvier 1994.

ASSOCIATION DROIT DES GENS, *L'ONU: mutations et défis*, Paris - Bruxelles, Complexe, 1993

BEDJAOUI Mohammed, *Pour un nouvel ordre économique mondial*, Paris, UNESCO, 1978.

BEDJAOUI Mohammed, *International Law : Achievements and Prospects*, Paris/Boston/London, UNESCO, 1991.

BEDJAOUI Mohammed, *Nouvel Ordre Mondial et contrôle de la légalité des actes du Conseil de Sécurité*, Bruxelles, Bruylant, 1994.

BERTRAND Maurice, *Contribution à une réflexion sur la réforme des Nations Unies*, Rapport du Corps d'inspection des Nations Unies, New York, Nations Unies, Doc A/40/988, 6 décembre 1985.

BERTRAND Maurice, *Refaire l'ONU, un programme pour la paix*, Genève, Ed. Zoé, 1986.

BERTRAND Maurice, *The Third Generation World Organisation*, Dordrecht, Martinus Nijhoff, 1988.

BERTRAND Maurice, *La Stratégie suicidaire de l'Occident*, Bruxelles, Bruylant, 1993.

BERTRAND Maurice, *L'ONU*, Paris, La Découverte, 1994.

BOUTROS-GHALI Boutros, *Agenda pour la paix. Diplomatie préventive, rétablissement de la paix et maintien de la paix*, New York, Nations Unies, 1992.

CADTM/GRESEA, *Banque Mondiale/FMI: ça suffit!*, Bruxelles, 1994.

CENTRE DE DROIT INTERNATIONAL (ULB), *Entre les lignes. La guerre du Golfe et le droit international*, Bruxelles, CREADIF, 1991.

CHAUMONT Charles, *L'ONU*, Paris, PUF, 1992.
CHILDERS Erskine & URQUHART Brian, *Renewing the United Nations System*, Dag Hammarksjöld Foundation, Uppsala,1991, 1992, 1993, 1994.
CLAUDE Inis, *Swords into Plowshares*, New York, Random House, 1966
COMMUNITY AID ABROAD, *Learning the Lessons. United Nations Interventions in Conflict Situations*, Fitzroy, Victoria (Australia), 1994
COOLSAET Rik, *Histoire de la politique étrangère belge*, Bruxelles, Vie Ouvrière, 1988.
COORDINATION DES ONG POUR LA DIGNITE HUMAINE & GRESEA, *Les droits de l'homme et les institutions de Bretton Woods*, Bruxelles, 1994.
CORTEN O. & KLEIN P., *Droit d'ingérence ou obligation de réaction ?*, Bruxelles, Bruylant, 1992.
COT Jean-Pierre & PELLET Alain, *L'ONU. La Charte*. Paris, Economica, 1991.
DELDIQUE Pierre-Edouard, *L'ONU. Combien de divisions ?*, Paris, Editions Dagorno, 1994.
DORMENVAL Agnès, *Procédures onusiennes de mise en oeuvre des droits de l'homme. Limites ou défauts ?* Genève, Institut Universitaire de Hautes Etudes Internationales, Paris, PUF, 1992.
GORBATCHEV Mikhaïl, *Réalités et garanties dans un monde plus sûr*, Document ONU A/42/574 ou S/19143, 18 septembre 1987.
HUMAN RIGHTS WATCH, *The Lost Agenda, Human Rights and UN Field Operations*, New York, 1993.
JAKOBSON Max, *The United Nations in the 1990s. A Second Chance ?*, UNITAR
KEIL Imke & LOBNER Sabine, *UNO-Weltpolizei auf dem Prüfstand. 38 Jahre Friedensmissionen vom Suez bis Kambodscha*, Münster-Hamburg, Lit Verlag, 1994.
LEONARD Yves, *L'ONU à l'épreuve*, Paris, Hatier, 1993.
MABILLE Xavier, *Histoire politique de la Belgique*, Bruxelles, CRISP, 1986

MINISTERE DES AFFAIRES ETRANGERES, DU COMMERCE EXTERIEUR ET DE LA COOPERATION AU DEVELOPPEMENT, *La Belgique au Conseil de Sécurité de l'ONU 1991-1992*, Bruxelles, Textes et Documents, janvier 1993.
PAYE Olivier, *L'ONU et la sécurité internationale*, Bruxelles, GRIP, 1992.
RUSSBACH Olivier, *ONU contre ONU. Le droit international confisqué*. Paris, La Découverte, 1944.
SOREL Jean-Marc, *L'ONU et le règlement des crises,* Paris, La Documentation Française, 1994.
SMOUTS Marie-Claude, *Le Secrétaire général des Nations Unies*, Paris, Armand Colin, 1971.
SMOUTS Marie-Claude et cs, *L'ONU et la guerre. La diplomatie en kaki*, Paris-Bruxelles, Complexe, 1994.
UNITED NATIONS ASSOCIATION OF THE USA, *A Global Agenda*, New York, University Press of America, Annual publication.
US GENERAL ACCOUNTING OFFICE *UN Peacekeeping. Lessons Learned in Managing Recent Missions*, Washington DC, US GAO, National Security and International Affairs Division, 1993.
VAN ELSLANDE Renaat, *La Belgique et le Tiers Monde*, Bruxelles, Oyez, 1977.
VIRALLY Michel, *L'organisation mondiale*, Armand Colin, 1972.
ABC des Nations Unies, New York, Nations Unies, département de l'Information, 1990.
The Blue Helmets, A Review of United Nations Peace-keeping, New York, United Nations, 1990.

Revues : dossiers

SITUATION, revue du centre de recherches Droit International 90 et de l'association Droit contre Raison d'Etat, 6 numéros par an, tous consacrés au contrôle par les citoyens de l'application du droit international et de la

politique étrangère des Etats, BP 136, F 75223 Paris Cedex 05.
PANORAMIQUES, *Cinquante ans déjà...Et alors, l'ONU ?*, Paris, Arléa/Corlet/Croissance, 3e trimestre 1994.
POLITIQUE ETRANGERE, *L'ONU entre le renouveau et la crise*, Paris, IFRI, mars 1993.
LE MONDE DES DEBATS, *Les défaites de l'ONU*, Juillet-août 1994, numéro 21

Articles

ADDA Jacques, *FMI-Banque Mondiale: l'indispensable réforme*, Paris, Alternatives Economiques, juin 1995.
BELLO Walden & CUNNINGHAM Shea, *De l'ajustement structurel en ses implacables desseins*, Paris, Le Monde diplomatique, septembre 1994.
BERTRAND Maurice, *Pour une organisation mondiale de troisième génération*, Paris, Le Monde diplomatique, octobre 1985.
BERTRAND Maurice, *Le retournement des positions soviétiques aux Nations Unies*, Paris, Le Monde diplomatique, février 1988.
BERTRAND Maurice, *Les Nations Unies s'enferment dans un rôle de pompiers*, Paris, Le Monde diplomatique, juin 1993.
BERTRAND Maurice, *Demain, la sécurité mondiale...*, Paris, Le Monde diplomatique, mars 1994.
BERTRAND Maurice, *Le mythe de la sécurité collective vole en éclats*, Paris, Le Monde diplomatique, juin 1994.
BRANIGIN William, *The U.N. Empire Polished Image, Tarnished Reality*, quatre articles, Washington DC, Washington Post, 20, 21, 22 et 23 septembre 1992.
CHEMILLIER-GENDREAU Monique, *Comment les Nations Unies auraient pu dénouer la crise du Golfe en 1990*, Paris, Le Monde diplomatique, juillet 1993.

CHEMILLIER-GENDREAU Monique, *Comment assurer cette paix qui partout se dérobe*, Paris, Le Monde diplomatique, juillet 1994.
CHING Frank, *Reforming the United Nations*, Hong Kong, Far Eastern Economic Review, November 25, 1993
CHING Frank, *Obstacles to Reforming the UN*, Hong Kong, Far Eastern Economic Review, May 4, 1995
CHOSSUDOVSKY Michel, *Les ruineux entêtements du Fonds Monétaire International*, Paris, Le Monde diplomatique, septembre 1992.
DECORNOY Jacques, *Désordre mondial et pauvreté des nations*, Paris, Le Monde diplomatique, novembre 1989.
DIEHL Paul F. & CHETAN Kumar, *Mutual Benefits from International Intervention: New Roles for United Nations Peace-keeping Forces*, Urbana-Champaign (USA), University of Illinois, Bulletin of Peace Proposals, vol 22 (4), 1991.
DUJARDIN Bruno & VAN LERBERGHE Wim, *La Banque mondiale vue du terrain*, Bruxelles, Le Soir, 14 octobre 1994.
ELMANDJARA Mahdi, *Les organisations des Nations Unies: les voies du renouveau*, Futuribles, n°11, juin 1987.
FONDATION POUR LE PROGRES DE L'HOMME, *Pour un monde responsable et solidaire. Bâtir ensemble l'avenir de la planète*, Paris, Le Monde diplomatique, avril 1994.
GALAND Pierre, *Développement: les faux remèdes de la Banque mondiale*, Bruxelles, Le Soir, 11 mars 1994.
LANDON François, *Si l'ONU échoue, qu'est-ce qu'on fait ?*, Paris, L'Evènement du Jeudi, 29 décember 1994.
PAYE Olivier, *Casques bleus: missions impossibles*, Bruxelles, La Cité, 28 avril 1994.
RUGGIE John Gerard, *Wandering in the Void. Charting the UN's New Strategic Role*, New York, Foreign Affairs, November/December 1993.
RUSSBACH Olivier, *Une justice internationale à la carte*, Paris, Politique Internationale, n° 67, Printemps 1995.

TATU Michel, *Précis de politique étrangère à l'usage du nouveau président*, Paris, Politique Internationale, n° 67, Printemps 1995.

TABLE

MISE EN PAGES FOURNIE

Achevé d'imprimer par Corlet, Imprimeur, S.A. - 14110 Condé-sur-Noireau (France)
N° d'Imprimeur : 12871 - Dépôt légal : septembre 1995 - *Imprimé en C.E.E.*